【魅力大湾区丛书】

不工作，去海岛

粤港澳大湾区的蓝色恋曲

行者老湖 著

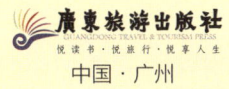
广东旅游出版社
GUANGDONG TRAVEL & TOURISM PRESS
悦读书·悦旅行·悦享人生
中国·广州

目录

目录

一望无际的海，纯净的暖风，摇曳的椰树，细腻的沙滩……海岛就像一个梦，是都市喧嚣外的一片隐世净土。对自由的向往，就是那一片纯白在碧蓝间荡漾。中国粤港澳大湾区5.6万平方千米，广州、深圳、珠海、东莞、江门、惠州、香港、澳门，绵延着漫长的海岸线，散布600多座海岛。这些海岛多数人迹罕至，而有人居住的部分海岛，居民也是屈指可数，纯净依旧。一些海岛由于有了固定的渡船，日渐成为勇于探索未知者钟爱的小众旅行地。

大湾区的小岛风光各异：有的适合度假，有的适合露营，有的适合徒步，有的适合岛上自驾；这些漂浮的城镇格调多样：有的能与孤独为伴，有的能集体狂欢，有的能体验民风，有的能探索自然。大湾区之内，总有一个小岛，会俘虏你的心。

我辗转海岛间多年，偶然一个夏季，火辣辣的太阳下，全身包裹着长袖防晒衣裤，背着相机和水，独自徒步在东澳岛20千米长的环岛小径上。突然，背包里汽水的瓶盖因为过热爆裂，后背滋滋地一片黏腻。我赶紧放下背包，将泡在水中的相机、电池和防晒霜等物倒出来，逐一清理、晾晒，坐在树荫下休息着等待物品干燥。

面对无垠的大海，四周空无一人，我陷入了思考。

这一切是为什么？人为何会痴迷于旅行？每次背起行囊，离开家，走出城市，登上一座海岛，就像进入了另一个世界。在旅途中，忘记了自己的身份，贵或贱，贫穷或富有，爱或痛，喜或忧，似乎脱离了红尘俗世，回归本我。

漂浮在庙湾岛纯净海水中的小船、上川岛渔港相谈甚欢的当地钓友、蒲台岛灯塔下看星空与海的女孩、桂山岛书吧里一杯咖啡一本书的人、三角洲岛沙滩上餐桌的烛光、鸡心岛的帐篷、陪伴我倾听海浪的小狗……这一切画面都刻在记忆中，令我动容，为我的灵魂染上色彩。

在海岛上，有时诞生一些念想，便用简陋文字传达自己的体会和感悟。

五星酒店的海鲜大餐，海景阳台上的日落，沙滩的帐篷背包里的点心与日出，这些经历的美与人生的体悟不分高低。海岛游丰俭由人，吃穿用度可奢华丰饶，亦可简朴纯粹，不受金钱束缚，也并非有钱人的专属游戏。

旅行，是心获得解放自由的魔咒，让人脱离羁绊，忘记名利，摆脱桎梏，跟随本心。每到一处，遇见新的朋友，感受不同的景色，增长见闻，获得心智成长的愉悦。

生而为人，身体和灵魂都无法停止前行，总在不断地寻找着本心，与下一个旅行地。旅行，也许只为无法到达的目的地……

广州

一千个人心中有一千个广州。

广州位于珠江三角洲北缘，

其南沙区扼守珠江出海口，

面朝狮子洋，侧接伶仃洋，水系发达。

南沙湿地公园、黄山鲁森林公园、

百万葵园等旅游景点都令人印象深刻。

万顷沙镇十八涌和十九涌的南沙湿地公园，

是广州最大的湿地，

在这里可观百鸟归巢，可听晚风轻吟，

慢赏羊城新八景之一『湿地唱晚』。

湿地的存在，让这个城市好似少了些烟火霓虹，

多了一丝风花雪月的质感。

候鸟天堂：南沙湿地

　　广州最南端、珠江出海口，在经历了20世纪浩浩荡荡的围海造田后，万顷沙镇十八涌和十九涌意外地变成了广州最大的湿地，候鸟的天堂，羊城新八景"湿地唱晚"的所在。

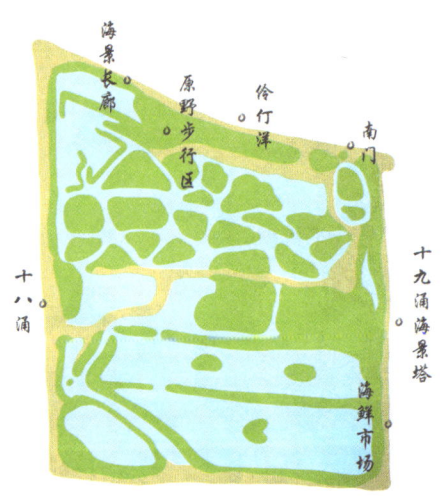

　　这里的围海造田大约始于20世纪五六十年代，在当地知青的不断筑堤围海下，90年代，万顷沙滩涂围海工作基本完成。由于边缘的十九东围还没来得及开垦，每到冬季，成千上万的红嘴鸥在围垦的浅滩中越冬觅食，人们发现这里是从西伯利亚飞往印度半岛越冬南迁的候鸟的重要停息地之一。当地知青逐渐种植起了红树林、芦苇丛，放养鱼虾，使之成为真正的湿地，这一举动最终造就了广州城市边的候鸟后花园。

　　从空中俯瞰南沙湿地，条条河涌从中心向五个方向伸展开去，犹如一个五角星。6~9月是湿地旺季，盛开的荷叶拥挤在栈桥四周，走过九曲莲桥，坐上游船，穿梭于河涌之中。成群的候鸟如白花一样开在绿树里。游船静静地滑过。船上的人屏住声息。偶尔有巨大的野鸭贴着头顶飞过。花香水色映在身着汉服的姑娘们身上，宛如撞入了王母的蟠桃盛会。

　　夏日来临时，南沙湿地上的大部分候鸟已经飞往西伯利亚避暑，直到春节前后，数十万只候鸟才会陆续从北方飞来过冬，这时鸟类觅

南沙湿地有十九条这样的河涌

食区会对游客开放，人们便能有幸在这里见到全球濒危的黑脸琵鹭、白琵鹭、褐翅鸦鹃等约180种候鸟齐齐在浅滩上漫步觅食的盛景。沿着十八涌边1.8千米的绿道漫步，榕树遮天蔽日，仿佛是通往纳尼亚的隧道。行至珠江边，登上湿地之窗二十多米高的海景塔，左览珠江口，右瞰南沙湿地，方能一窥南沙湿地的全貌。

湿地东缘有一条长直的林荫大道，即为海景长廊。长廊面朝茫茫伶仃洋，于此观景，眼界开阔且诗意纵横。游人多于此席地而坐，摆上水果点心，体验户外野餐的无穷乐趣。

沿海景长廊一路南行，尽头便是湿地公园的南门。

从长廊中部的原野步行区，可以进入湿地。游客可徒步于红树林和竹林中，感受原野景观——当然，夏季的浪漫中，关于蚊虫的记忆从不缺席。原野步行区南端不远，出了南沙湿地公园的南门，往西南方向，即可转入十九涌边的海翔路，十九涌渔人码头就坐落在这条路上。

南沙湿地公园

NANSHASHIDIGONGYUAN

南沙湿地公园原野步行区的河涌

　　南沙湿地公园一期与二期仅一路之隔，日常开放的是一期，为湿地生态保护核心区，是候鸟的生活栖息区域，游览者可以徒步、骑行、乘观光车和游船，或前往冬季开放的鸟类觅食区，坐船到观鸟平台与候鸟做近距离接触。二期面积更大，隔着一条新港大道与中山市相望，为综合开发区，是"湿地唱晚"的真正所在，有观鸟屋和亚太垂钓中心。总之，去这个广州的"南极"游玩，不仅可以在湿地赏荷、观鸟，还能去渔人码头吃海鲜、买水果及海产干货。

九曲莲桥

十九涌渔人码头交易市场内的水果摊档（上图）与海产品摊档（下图）

到湿地公园来的游人，大部分都会来这座水产交易市场吃吃海鲜，或是买点干货做伴手礼。

在十九涌渔人码头海鲜水产市场，若不碰上休渔期，平日少见的黄油蟹、沙虫、鲍鱼、海胆、海鳗等都是有得吃的。买些鲜活的鱼虾蟹贝，去市场边的餐馆现场加工，按人头算，花上十几二十块的加工费，就可以在湿地边的餐桌上悠闲地品尝美味了。有火眼金睛又会讨价还价的买家往往会发现，十九涌的海鲜价格比城市便宜得多，反倒是在餐馆吃盘青菜更贵。

吃完饭再去海鲜水产干货市场，花胶、海狗干、膨鱼鳃、鲍鱼干、海星、虾米干、银鱼干、蚝干、白饭鱼干、花甲肉、无骨鱼、淡菜、海底鸡、马友鱼、黄花鱼干、干鱼子、瑶柱干、元贝干、梅香咸鱼等，甚至虾酱、蚝油、沙茶酱应有尽有，还有许多广东特产的水果干、茶、保健食材、中药材，如广东人最爱的陈皮、佛手、化橘红、咸柠檬、八仙果、咸柑、小青柑、辣木籽、肾豆、黑眉豆等，以及一些零零星星的旅游纪念品……总之，在十九涌渔人码头，你几乎什么都能淘到。

自万顷沙围垦造田后，本地出产的皇帝蕉、新垦莲藕、红番薯、番石榴、木瓜、杨桃、甘蔗远近闻名，便宜好吃。除了供应广州之外，还远销至中国香港和新加坡等地。尤其是南沙的香蕉，十块钱就能买到一大挂，香甜可口，不少广州本地人都喜欢来这里的水果市场买瓜果蔬菜。

十九涌曾经是真正的渔人码头，是出海打鱼归来的渔船与渔人的归宿。围海造田之后，自然环境受到冲击，捕鱼业衰落，在海上与自然搏杀讨生活的日子渐渐成为历史，只在"伴海游"的方式中可见一些过往生活方式的痕迹：在渔船里配上沙发和茶几，给客人泡上一壶清茶，摆上瓜子、花生、香蕉、番石榴等，顺着珠江口一路航行到伶仃洋去看看海，还可以在船上吹着海风品尝海鲜。除此以外，南沙湿地和十九涌周边还有不少值得一游的地方。你可以去万顷沙镇的红港渔村，品味传统疍家人的水上生活；也可以到南沙天后宫烧一炷香，祈求一家人的顺遂平安；还可以到新垦镇的百万葵园，徜徉在七彩花田之中……

渔人码头边的渔船（上图）；交易市场内有各种腌制水果（下左图）和鱼干虾干（下右图）

【贴士】

公交交通：广州地铁四号线蕉门地铁站下，转乘南沙G1
路到南沙湿地，或者转南沙2路到新垦站（或百万葵园站）
下，转南沙11路到南沙湿地。从南沙湿地南门出，可步行到
十九涌渔人码头。

自驾：行驶至南沙湿地公园停车场，停车场出口左转继
续往前走几分钟就是十九涌渔人码头。

惠州

惠州拥有4500多平方米的海域、280多千米的海岸线，其海域面积与海岸线长度分别位列广东省第六名和第五名；惠州拥有162个海岛，占广东省岛屿总数的8.25%。

此外，惠州还拥有中国第一个合法产权的私人岛屿三角洲岛、历史悠久的海盐生产地盐洲岛、广东最美古村落范和村、清代海防所城平海古城……日久天长，养就了惠州这座城市相对于其他城市而言更为闲散安逸的个性。

不完美才是它的最美：
东升岛

　　人们向往完美无缺的风景，但事实上，美好的地方要么费心费力、路途遥远、交通昂贵，否则定是人山人海，小众又有趣味的地方，一岛难求。大亚湾边的东升岛很小，也谈不上完美，却拥有独一无二的海岛渔村的真实体验。

家家户户门前
晾晒鱼干

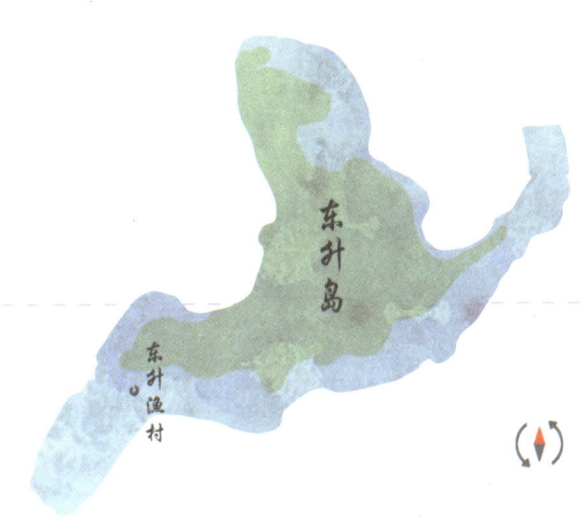

东升岛

东升渔村

快艇马达轰鸣，掠过一个又一个无人的小礁石岛，看起来像是用石片在海上打了一连串的水漂一般，将它们一个个抛在脑后，就到了惠州的东升岛。踏上小岛，一股浓浓的海腥味入鼻，一时令人有些难以适应，但这就是渔村的味道。

岛上的东升渔村没有正规意义上的街道，居民的住宅楼多为两三层楼的水泥平顶房，面朝大海，前侧搭建着低矮的铁皮屋，两者间的空地上方，用棚布遮苫，晚上或者大风天气时可以收拢。这样，许多的棚子连在一起，在头顶连成一片，人行其下，就像是走在有顶棚的街道上一般。此外，不少人家门前都有一个水泥做的小池，上面铺着木板，既可坐人，里面还可存放渔网。偶尔也有些人家在海岸边种上花，海风吹来，摇曳生姿。东升渔村的建筑略显杂乱，但路面干

东升渔村

DONGSHENGYUCUN

东升渔村没有沙滩，水质不算好，也不能下海，游客只能租船出海。渔民可以开船带你去附近小岛的浅海游泳，加上捕鱼、吃饭，就成了经典的海上一日游。如果人多包船，想要再玩什么，都可以和渔民谈个价。岛上有两三家小宾馆可供住宿，当然也可以住在渔民家，无论住哪里，都会到小桂码头包接送，这点服务倒是与威尼斯的豪华酒店相似。

岛上渔民的房子沿岸而建

岛上生活宁静悠闲，渔民门前的棚子户户相接，形成一条街道

净，岛上大部分的渔民都很友善，对于游客四处拍照的"坏毛病"也习以为常，偶尔还可以一起聊聊天。

每一家门前的海边少不了渔船、渔网和晾晒的海货，家家户户都有一两艘快艇，就

像城市里的代步车一样，密集地停在海边，随着海浪起伏飘荡。渔村有不少竹编的架子，上面晒着鱼干。每条鱼劐成两半，去掉鱼鳞和内脏，整整齐齐地摆在竹架上——以渔村、蓝天与大海为背景，鱼干展开的形状仿佛成了渔村的标志。

来东升渔村的游人，住岛上的少，大多是上渔排吃海鲜的老饕。这些渔排在东升渔村周边的海湾里漂着。渔民们通常在油桶和其他漂浮物上铺上木板，然后在海中用渔网围起一个方形的网箱养鱼，就可以

制作出一个简易的渔排。有些渔排还搭建了铁皮房和棚屋，远看像是一艘艘疍船。遇到风浪时，渔排有些摇晃，但好在海湾中比较避风，不似在渔船上摇晃得那么厉害，好像身处香港避风塘上。

渔排上的餐馆看起来像海上大排档，以海鲜为主，佐以青菜。吃顿饭不一定便宜，但比起城市的海鲜餐馆来说，性价比更高，且食材的新鲜程度是自不必说的。有时候人们最想要的未必只是吃，恐怕更享受在海面上吃饭的那种场景与感受：简易的座椅，摇晃的顶棚，四面敞开任由海风吹拂，饭后还可以悠闲地喝茶聊天，无人催促，甚至还可以带着孩子坐在渔排上钓鱼，享受难得的亲子时光。

除了坐快艇到渔排上吃饭，岛上渔村别无餐馆，也无法随时找到餐食。当然，有一两家小店，若是饭点过去，可以炒个河粉，做个青菜，蒸条鱼，简单、便宜又美味。即使住在渔民家，如果只是三三两两的零散游客，渔民也不一定乐意单独做饭，最好是人多的时候，一起在渔民家订桌饭菜，其味道也不亚

渔民家门口，快艇整齐停泊

于渔排。

夏季，岛上的白天和城市一样炎热，不擦防晒霜走在无遮挡的地方多半会晒伤，但海岛天气变化多端，一会来了乌云，顿时就凉爽起来。周末的渔村没有想象中那么忙碌，不少渔民坐在家门前的海边喝茶、抽烟、看海。年轻人似乎也看不够大海和渔船，都聚集在渔村海边的码头，看着船聊着天。小孩子们随手拿起晾晒的鱼干海鲜，塞进嘴里嚼着，边吃边玩，怡然自得。

东升岛的傍晚最是宜人，海风徐徐，云彩低垂，如镜的海面上，打鱼归来的渔船划过道道浪痕，船上的渔民不急不慢地整理着渔网，正是一幅海岛红霞、渔舟唱晚的好图景。最爱无所事事地坐在渔民的门前，看渔网随风飘散，如轻罗幔帐，引人遐想。待夜深人静时，快艇的突突声渐少渐无，坐在渔民楼上阳台，俯瞰整个渔村，海上的宁静仿佛能被定格。东升渔村虽只是一个普通的渔村，并没有想象中的纯净，但比起美得不真实、让人难以触及的海岛，它的人间烟火更令人倍感亲切可爱。

【贴士】

自驾：从盐坝高速小桂出口下，在小桂码头停车场停车后，乘快艇去东升渔村。如果去渔排吃饭，或者上岛住宿，一般会包含接送。

晾晒的渔网

古朴平实古村落：**范和村**

　　大亚湾东南部海边的范和村，是一个有600年历史的明代古村，至今保留着古老的庙宇、围屋、清代戏台和圣旨牌匾等古迹，尤以"村中有围，围中有村"的民居建筑风格而闻名，是广东十大最美古村落之一。

　　范和村的最高点，是被村民视为风水命脉所在的猪山。说是"山"，其实只是个十米多高的土丘，庙宇多数环绕在它的四周。进村路上的第一座院落就是

谭公庙，最早是猪山上的五谷帝庙，被毁之后重建。村里的老人守着庙宇，偶有村民烧香，分外清净。传说清末范和村发生瘟疫，村民从九龙峰请来谭公香火，便保得阖村平安。

　　谭公庙背后有座红墙黑瓦的建筑——文昌宫，是建于清朝的老庙，被毁后又重建，里面供奉着民间传说中掌管功名禄位的文昌帝君，村人无论求学还是求功名，均习惯来此上香。范和村历史上一共出了九位举人和一位探花，村人皆归功于此。

　　猪山的"猪首"当属"最佳风水位"，明代时在此建了一座城隍祖庙，由前殿、后殿与戏台组成，广府、潮式混合建筑风

整齐划一的罗冈围围屋

民国时期的建筑（今为范和小学）（上图）；村中的老城隍庙（下图）

格，是村里难得的保存较好的古建筑。"城隍"是道教传说中守护城池之神，小村里能有座城隍庙，那是极罕见的。城隍庙门前由两根石柱撑起门廊，大门口的石块被香火熏得黝黑，山水人物画装点着城隍庙的屋脊等处。最有趣的是当时平政巡检司官员撰写的一副劝善楹联，"淫人妻女，占人田房，欺人鳏寡孤独，这样凶徒，任尔烧香也无益；孝于父母，友于兄弟，和于族党邻里，若个善士，见我不拜又何妨"，至今为人所称道。

范和村老建筑中，还有水仙爷戏台、妈前戏台和城隍庙戏台等3座很有特色的清末古戏台。惠东全县现存古戏台共5座，范和村就保有3座，其中，建于明朝的城隍庙戏台历史最久。戏台通常正对庙宇，水仙爷戏台对水仙宫，内供奉水仙爷；妈前戏台对烈圣宫，内供奉妈祖；城隍庙戏台对着城隍祖庙，供奉城隍老爷。绿琉璃瓦剪边的水仙爷戏台年久失修，后墙中部带有圆形窗户的墙面已经斑驳，但大体形制仍存：前部是戏台，后部设了更衣室，中间用木板隔开，两侧有拱形门通往后台。

每个古戏台前面都有一个小广场，供人群聚集看戏。每到特定日子，村民都会请戏班在戏台上演出。范和村凡演戏必奉神，一年中，村里会举办各种祭祀演戏活动，这一习俗已延续近300年。最隆重的活动是每年农历五月初二，渔民都会去巽寮天后宫"迎请"妈祖像回村，水上赛龙舟迎接妈祖像，陆上村民耍鱼灯、担花篮和扮景盛装巡游；到了农历十月十五，再把妈祖"恭送"回巽寮过冬至和春节。

范和村的民居更有特色，罗冈围、吉德围、尚德围、长兴围四大围村，以及围仔、六顺围等多座小型围屋，大部分仍保存完好，古风犹存。其中以有200多年历史的罗冈围规模最大，其布局呈正方形，长宽各99米，108间房屋相接成围，东、西、南、北四边还各有一座门楼。登上一座新建民房的顶楼，罗冈围尽入眼底，房屋排列整齐有序，列宽约3米。沿花岗岩石板或河卵石巷道走到南门，沿途分布着多个铳眼，整个罗冈围仿佛是个小小的城池。

范和村共聚居着50个姓氏的村民，每个姓氏都有自己的宗

范和村的水仙爷戏台

SHUIXIANYEXITAI

除了这三座古戏台，范和古村还自行组建了粤剧团、潮剧团、白字剧团。粤剧《秦香莲》、潮剧《刘璋下山》、白字剧《崔鸣凤》都是村中剧团的保留节目。

祠，村里四处都有昭示着家族昔日辉煌的牌匾，例如陈氏祖祠的"御赐范和陈氏"匾、"亚元""拔元"，林氏祖祠的"明经进士"匾等。其中最珍贵的当数"御赐范和陈氏"匾，上面阳刻着一道清嘉庆年间的圣旨，是范和首位举人陈鸿猷获得的。村中几乎家家户户都敬神，居民门前、围屋的门楼、村里的祠堂，都有敬神烧香的地方，城隍庙、玄帝宫、水仙宫、烈圣宫、关帝爷厅等大小11座庙宇更不必说。游客沿着吱吱作响的木质楼梯走上门楼，空间虽不大，但都设有神龛，燃着香火，干净而整洁。村里的人虔诚纯朴，会热情地给游人指路，讲述范和村的历史与传说。

在罗冈围外，还有一座黄墙尖顶的哥特式天主教堂。1836年，天主教传教士羊神父自香港渡海来到范和村，建起这座圣母堂，是稔平半岛上唯一设有主教的教堂。范和村还有一栋民国风的白色洋楼，有别于村里的中式古风建筑，它建于民国时期，现在是范和小学。屋顶的墙面正中镶嵌着一枚大大的红星，非常引人注目，上下两层，共四间教室和两间办公室，也是游客拍照打卡必去之地。

600年岁月中，范和村历经沧海桑田，虽然不少庙宇都是被毁后重建，但这里至今仍未进行商业开发，因此这里没有门票，没有叫卖的摊贩，没有旅游团的人潮……走在平实的范和村，远离现代都市，恍若返回了儿时的故乡，会不由自主地哼起罗大佑的那首《鹿港小镇》。

五福臨門

新卷大吉

祥光入屋

人財旺

福壽全

瑞氣盈門

【贴士】

　　自驾、骑行为宜，可导航定位至惠东县范和村，G324国道路边有往范和村去的指示牌。

范和村老民居

海上一颗绿色的心：
鸡心岛

鸡心岛是大亚湾176座"海上小桂林"中最不起眼的一座小岛，没有轮渡，甚至没有一滴淡水，但因为它是一座原始而未被开发的荒岛，反而受到露营爱好者的欢迎。

远看鸡心岛好像只是海上的大礁石，岛中央一座锥形的小山被绿绿葱葱的植被覆盖，山顶有两棵树突兀伸展。据说过去山顶的密林中还有老鹰的巢穴，有人还专门带活鸡上岛诱鹰。船渐渐靠近鸡心岛。整个岛看起来犹如一只海龟——小山像高高的龟背，前侧礁石则是乌龟的脑袋。送人上岛的船家说，退潮时蹚水走到最远处的礁石滩，就能看到完整的鸡心岛，小山就像沙滩上放着的一颗绿色的心。如果不是送游客来露营，当地渔民几乎从不上岛，因此这里没有码头，快艇直冲沙滩。人们跳下船，带着帐篷、做饭的炉头、锅瓢碗筷等露营装备和淡水，提着大包小包，有

的还拉扯上孩子来体验"荒岛求生"。

无人机从空中俯瞰鸡心岛小山，像是海中漂浮着的三角形绿宝石，三角形长边上有沙滩，短边上则只有礁石。面朝锅盖洲、马鞭洲一侧的沙滩最大，较适合露营，最多可以搭建30～40顶帐篷，另一边沙滩上则礁石略多，可露营的地方较少，鸡心岛的石碑就立在这里。礁石一侧的红色岩石，是无数年前火山爆发的结晶，仿佛用山神的热血熔炉熔炼过一般。

上岛要找地方搭帐篷和天幕。除了沙滩上的一座巨岩，岛上没有可以遮挡烈日的树木，即使涂满防晒霜，全身包裹，三伏天的太阳还是会晒得身上火辣

海上看鸡心岛全貌

辣的，若不搭建天幕，则无法休息和放置东西。搭建露营帐篷很有讲究，首选沙滩平坦、少石子、少贝壳的地方，其次要考虑通风，否则晚上帐篷里很热。鸡心岛适合露营的沙滩面积并不大，先去先得，晚到的露营者只能在贝壳多的地方或者靠近海水边的沙滩搭帐篷，但这样的话，涨潮时就可能会有帐篷被淹没之虞了。一番辛苦劳作后，天幕竖起，帐篷搭建好，然后坐在防潮垫上歇息，海风习习中一边闲望热气蒸腾的沙滩和蓝海，一边吃着西瓜，便是荒岛露营的快乐所在。

赶海是鸡心岛露营的人都喜欢做的事，周围海域的水质好，海产丰富，

如果你会钓鱼、拾贝、捞虾、抓蟹、抓海胆，那就只需要带上淡水、烹饪材料和器具上岛足矣。一位喜爱海钓的露营者说，水质好的地方鱿鱼一般会较多，附近也还会有不少青口、生蚝和螺贝，信手拈来即可。苦螺比较好找，多的时候能捡满一水桶，水煮无须任何调料，味道鲜美。最好看的是猪仔螺，外壳呈棒球形状，厚重的壳内卷，齿纹漂亮整齐，壳上的褐色花纹形似阿拉伯文，所以也叫阿拉伯宝螺。有露营者潜到深水区，抓到螃蟹，拿出水面张牙舞爪，深褐色的壳上布满白色小点，蟹钳和腿带着一丝蓝色。螃蟹趴在帽子上，吐着泡沫，便成了露营者头上鲜活的"饰

鸡心岛
JIXINDAO

据说以前鸡心岛周围有很多鲍鱼、海胆和海参，来玩的人多了，物产就渐渐变少。坐船过来的几位小伙子沿着岛四周的礁石潜水，试图寻找一些高档的海鲜，但收获无几。随着观念的更新，人们现在去荒岛露营，除了享受生活之外，更多的是为了去了解和保护自然，带着孩子们去认识海洋生物，而不是带着他们摸鱼抓虾拾贝，导致海岛资源逐渐枯竭。尤其是猪仔螺、面包蟹这类生物，肉质较少，生长周期又长，保护比吃掉要更有意义得多。

鸡心岛是一座原始而未被开发的荒岛，深受露营爱好者的欢迎，常有携家带犬而来的人。沙滩洁净，清澈水中偶尔可见水母漂浮

扛着滑板下海的游人

品"。小沙蟹虽然没有肉，但放点米，加点姜、葱熬煮，就是一锅香味扑鼻的海鲜粥。

荒岛上的娱乐活动不多，为免于晒伤，下海必须穿着全套浮潜服或潜水服。由于鸡心岛没有防鲨网和救生员，不擅长游泳的人不建议下海，即便水性好也要结伴而行，尤其不能夜间下海。鸡心岛很小，十分钟就能带着相机环岛拍摄一圈，无遮无挡，日出、日落都容易观看。日落时分，爬上大礁石，有人划着独木舟穿过落日，仿佛有了少年派奇幻漂流的意味。

夜晚帐篷里有些闷热。但帐篷外，有人带着卡拉OK音响在沙滩上放声高歌，纵情狂欢，空气中弥漫着烧烤的香味，平日紧绷神经的城市孤独者都放松心神，参加这嬉皮士的盛宴；也有人爱听海浪低语，享受自然的馈赠。这样的荒岛夜晚稍纵即逝。清晨，朝着巽寮湾的方向看日出，日光下远方的灯塔清晰可见，放松一夜的心又有了坚定的目标。

准备下海浮潜的游人（上图）；鸡心岛露营的帐篷（下图）

【贴士】 ｜ 自驾：从广东惠深沿海高速小桂出口下，在小桂新码头或者宏大水产码头租快艇上鸡心岛。一条快艇最多乘坐8人，不足8人需要包船，航程大约20分钟。

中国最美丽的海岸线：稔平半岛

　　大亚湾东部的惠东稔平半岛长达几十千米的海岸线上，共分布着8处月形海湾和99个洲岛，有许多天然海滩，游玩这里的最佳方式就是自驾。沿稔平半岛的滨海公路行驶，海风扑面的同时，巽寮湾、双月湾犹如风景画一般从窗外掠过。

稔平半岛

巽寮湾

平海古城

双月湾

大星山

海龟湾

在大星山观景台俯瞰双月湾右湾海滩

半岛上的古盐田

巽寮湾给人印象最深的也许是难念的"巽"字。相传北宋文学家苏轼被贬到惠阳，常携爱妾王朝云到惠东海边游玩散心，来到渔民放鸭的鸭寮湾，王朝云认为"鸭"字颇为不雅，执意要苏轼改个名。苏轼见稔平半岛形如八卦，而鸭寮湾又正在八卦的"巽"（xùn）卦方位，遂改名为巽寮湾。湾内曾有摩崖石刻30多处，可惜苏轼所题"巽寮"二字的岩壁和很多摩崖石刻都被毁，于今只剩脱俗的海湾景色伴着传说留存人间。

巽寮湾沿线路边全是渔民开设的大排档，但海边的餐厅更受人欢迎，坐在海边不必炮凤烹龙，只需端上几盘刚刚捞上的鲜活鱼虾贝壳，远望星星点点的船帆，细酌慢饮，就别有风味。如果走得累了，不远处就是有名的海滨温泉度假区，小住一晚，享受海水温泉，感谢大自然的恩赐。海滨温泉里吃的也都是本地特色美食，如鸡骨草或五指毛桃煲猪肉汤、蜂蛹、蚝仔蒸蛋、窑鸡、红焖山猪肉、温泉煮鸡蛋等。

出海滨温泉，向东行驶约30分钟，就到了稔平半岛的港口镇双月湾，港口镇以加工出口海鲜闻名。一条狭窄的街道上餐馆林立，随便走进一家就能吃上红烧海参、海胆炒饭、清蒸石斑、老鼠斑、白灼海虾、炒海瓜子、海贝杂鱼汤，等等，道道鲜美，价格公道，花上几百元就能品尝到在都市里难得一遇的奢侈的鲜甜。饭后去镇上的农贸市场，有荔枝、芒果、木瓜、龙眼和香蕉等水果，还有本地腌制的各种水果，类似广西的"酸野"，加上酸梅粉，甚至辣椒，咸脆酸甜，十分爽口开胃。

港口镇两边各有一处海湾，形状像两弯新月，被称作双月湾。双月湾的顶端有座大星山，开车上到山顶双月湾观景台，可以一览港口镇和双月湾的全貌——右海湾面临东山海，左海湾属于平海湾，此情此景才能让人明白双月湾含义的所在。和巽寮湾相比，双月湾更适合度假，其中平海湾的沙滩长达20千米，宽约200米，有不少免费的公众海滩。海边满布林林总总的旅馆、招待所和小酒店，紧邻海岸，房间不错，价格也适中。层层白浪涌上细腻幼滑的黑色沙滩，一眼望不到尽头，好像给巧克力蛋糕裱上奶油的花边。清晨赤脚走在柔软纯净的海滩上，可踏浪而行，迎着海风，观冉冉而升的旭日，格外振奋人心。漫步十里银滩，海天一色，感受历代文人墨客把酒临风、宠辱皆忘的情景，别有一番风雅滋味。晚餐后坐在海边欣赏烟花，又是一个五光十色的夜晚。

双月湾虽大，却不如附近的海龟湾出名。从大星山观景台下来，山下就是海龟湾。海龟湾三面背山一面朝海，全长只有1千米左右，却是全球大陆架上唯一的海龟自然保护区，也是国家级自然保护区。海龟湾禁止游泳戏水，因为这里是海龟最理想的产床。老人们喜欢沿着海龟湾的海边栈道漫步，孩子们则爱到海龟馆看海龟，如果在海龟产卵的季节，夜晚悄悄走在海滩上，也许能目睹大海龟在沙滩上产卵的场景，只是这一场景越来越难见到了。

下山直奔平海镇，沿途除了碧甲海湾、南门海湾等优良海

巽寮湾金融街里的天后宫（上图）；平海古城里的古民居（下图）

滨浴场，还能发现一些几近荒废的晒盐场。千万别错过有630多年历史的平海古城。平海镇看似与广东其他小镇无二，但穿过密密麻麻的现代房屋，会发现一座古城藏身其中。平海古城古时本在海边，明代为抵御海盗修建了"平海所城"，清代又相继修建了大星山等六座炮台拱卫着平海所城，成为海防军事要塞。

步入古城，可登上古城门或远望，或拜祭神祇。东南西北四方城门的楼上，各供奉着晏公爷、协天大帝、华光大帝和玄天大帝。平海古城有不少庙宇，如城内的关帝庙、城隍庙、谭公庙和包公庙等，城外四周山上还有普照庵、龙泉寺、东岳庙、榜山古寺和天后宫。古城的设计讲究"风水"，整体形状类似"燕尾钟"，入城后还有四个照壁"封住"古城。城内有七个古井，按北斗七星的方位分布在古城路边，故曰"七星井"，其水质会根据气候而发生变化，雨季水淡，冬季水咸。十字古街位于四座城门的正中央，通向四座城门，街道两旁的庙宇、会馆、民居分布有序，曾氏宗祠、刘家宅、林家宅、黄家宅等古民居至今依然完好。有些民居穿插在新建房屋之间，毫不起眼，却透着一种古韵。古城的一座宅院外面，立着四根石柱，是旧时的拴马桩，虽然没有兽头的桩首，也昭示了当初的豪门地位。虽说平海古城许多古建筑被毁后的修缮不尽完美，但徜徉在小街巷中，寻古探幽，也让人怀古忘今。

稔平半岛成为旅游度假区后，如织的游人、不绝的车辆打破了过去的宁静，但在喧嚣中寻觅自然与历史的痕迹，会有些大隐隐于市的感觉。喜欢漫步于半岛上那些荒芜的沙滩，踩着蓝调舞步的步伐，追随清澈见底的海水下自由舞蹈的鱼儿，渔火与星夜同辉，海风携烦忧飘散。

双月湾海滩上，渔民将打捞上来的鱼分类

巽寮湾

XUNLIAOWAN

　　巽寮湾的沙滩含硅量极高，沙质洁白细腻，没有工业污染，水质也好，深受游客的青睐。海边的游艇俱乐部码头停靠着不少游艇和帆船，能租用出海，引得不少游人上船尝鲜。巽寮湾金融街虽说是个新建商业街，吃个饭喝杯咖啡，也是自驾休息的不错选择。金融街里新建的天后宫十分气派，有几分皇宫架势，大部分人游客都会去打卡。

双月湾的右海湾沙滩

港口镇上盐和醋腌制的水果"酸野"（左上图）；平海古城内古老的七星井（右上图）、石碑（左下图）、旧拴马桩（右下图）

【贴士】 稔平半岛宜自驾，节假日交通较为拥堵，外地车辆有时会有阶段性单双号限行（返程不限）。

惠州海滨温泉、海龟湾自然保护区需购买门票，海龟湾自然保护区禁止游泳。

中国第一个私人海岛：三角洲岛

巽寮湾三角洲岛面积只有约1平方千米，是粤港澳大湾区最小的一座有人居住海岛，也是中国第一座拥有合法产权的私人海岛，当初为会员制俱乐部，不对外开放。20年岁月如梭，现在三角洲岛开放了，但每天限制上岛人数，这座曾经的私家海岛已经变成了网红打卡岛。

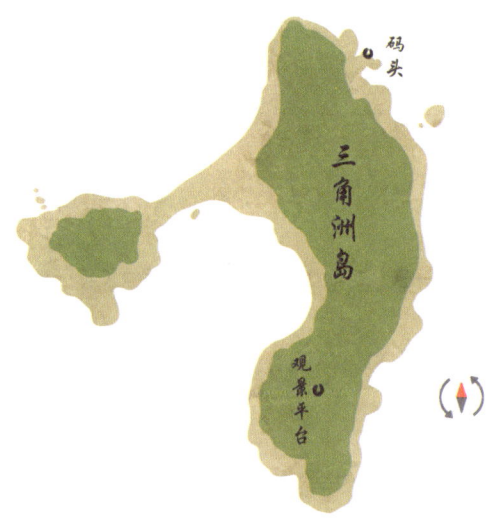

行驶在海上，远看三角洲岛就像一粒翡翠原石镶嵌在银滩的金边里，不知是哪位女神的小小吊坠遗落在了海上。登上码头，穿过白色环形的时光之门，映入眼帘的只有沙滩和一个附属小岛，比想象中还要小，徒步半小时就可以览尽主岛和副岛顶端的两个观景平台，体现了度假爱好者精致的生活乐趣。

清晨，沿着别墅前的小路，散步十几分钟可直达主岛顶端的观景平台。小岛曲径通幽，经过许愿树、桃花林后，进入左边一条小径，转上一个很小的观景台，有一对"天使翅膀"，人坐在一对羽翼之间，以蓝天白云为舞台，早拍左手朝阳，晚拍右手星月，有种奇幻的效果。登上台阶往右边小道继续行走，几步台阶之下便是"悬崖秋千"，可以从悬崖上荡到高空，仰望天空，俯视大海。另一边则是海上滑索，可从悬崖边直落，滑过海面到沙滩上。继续前行到一座旧灯塔，左边就是岛上最高的观景平台，可以俯瞰在宁静的蓝色海面上浮着的这座小岛，一艘快艇绕着它划出银白的"天使光环"。

晨间散步完回到三角洲岛接待中心，在门口的咖啡座享用广东冬日暖阳下的早餐，目光穿过环形的时光之门，用咖啡香伴着蓝海佐餐。俱乐部会所的大餐厅有中式早餐，窗外是音乐广场的一片绿草地，还有椰影和彩虹滑道下饭。如果住在海

滩边的沙屋，早餐则设在观心台的亭子里，就在一只大眼睛的岩石彩绘左边，台阶上有一座鹰头小亭，在这里吃海上早餐，涛声配酒，海风吹得游人醉，只把惠州作澳洲。

上午，去海滨浴场游泳，从沙屋前的小海滩下水，可以在珊瑚区浮潜或深潜。一位潜水教练拿手机放了段潜水视频，说潜到五六米的地方，就能看到珊瑚。游完泳，溜达到观心台背后山坡上的花圃，有迷你版的天空之镜，也有新人日落时在心形平

三角洲岛的海滩及其所连接的小岛

三角洲岛以"水清、石奇、沙幼"三绝著称，岛上分布有三个晶莹洁白的沙滩，一个新月形的内海湾和一个天然石雕公园，总面积约22公顷（1公顷等于1万平方米），其中陆地面积约为16公顷，由大小两个岛屿构成，退潮时两岛由沙滩相连。

三角洲岛

SANJIAOZHOUDAO

台上拍摄婚纱照。

三角洲岛周围有不少形态各异的礁石，悉心去寻找，据说能够集齐十二生肖。观心台前海的礁石叫"壁虎登潭"，海滨泳场附近的是"石龟浮海""海龟石"。上午退潮后，主岛连接副岛的沙滩露出海面，可以走上副岛，绕过两三米高的岩石，就是一片礁石群。"尼斯湖水怪"伸着长脖子，床一样的石头平台，还有两块特别的大岩石，中间各夹着一条尚未被"融化"的透明石头，像是"巨鲸獠牙"。登上副岛的台阶，沿着右边的林中小道行走，远可眺望巽寮湾，近可俯瞰动物乐园般的礁石群。树林中凸现两块巨大的岩石，中间只有条"一线天"，穿过去可到副岛顶端的观景平台。俯瞰三角洲岛的两处海滩，怪石嶙峋，左边能看到"青蛙石像"，码头附近还有"海狗护岛""绵羊戏水"等礁石。

都说日落是三角洲岛最美的时光，但这只是浪漫的序曲。岛上最热门的是海滩灯光晚餐，价格不菲。沙

三角洲岛一向以"水清、石奇、沙幼"三绝著称，岛边岩石形如各种动物

海边巨石上的眼睛立体绘画

滩上点起月亮灯，雾一般的帷幔下飘着闪闪的星光，几百上千元的双人西式晚餐，可以选择日本和牛、鳕鱼、龙虾、黑松露汤、法式布蕾等菜品。晚餐之后，篝火被点燃，有吉他手在吟唱浪漫的歌谣。音乐广场的草地上，也摆上了中式自助晚餐，在星光成串的帷帐下，人们喝啤酒看海，海滩烟花助兴，人生得意须尽欢。三角洲岛的吃住不便宜，但也可坐在沙滩小店门前，一瓶汽水、一碗炒粉看大海，租个帐篷看星星，旅行无关排场，快乐无须金钱来衡量。

海上生明月，人们依然围着篝火不肯离去，听吉他手唱着《少年》。"换种生活，让自己变得快乐，放弃执着，天气就会变得不错……"海岛假日里，人们的追求早已不再止步于纯净的自然和美味的海鲜，听凭内心的少年意气恣意纵横，怕是更令人心生向往的。

别墅房前的吊篮，沙滩上的烛光晚餐，广场草地上的中式自助晚餐……岛上的生活缓慢悠闲而惬意

一线天中的步行道

【贴士】 | 　　乘坐公共汽车或者自驾到惠州市惠东县金融街巽寮湾游艇会综合楼（磨子石公园左边），在后面的游艇码头坐船上岛。建议在网上提前预订住宿，可预订含有两人上岛船票和门票的住宿套餐。

　　巽寮湾有时会对外地车辆分单双号限行进入。

追逐白鹭的梦乡：盐洲岛

　　每到节假日，稔平半岛的巽寮湾和双月湾这些曾经的小众度假地已经不再小众，想再寻一个喧嚣避难所，那便是惠东的盐洲岛。这里尚未被开发，只有水光伴山色，是一个观鸟天堂。

　　"沉米洲，浮盐洲"，米洲岛没入了海中，盐洲岛从海底升起，逐渐形成新的小岛。今天走在盐洲岛的鱼塘、盐田的田埂上，随处可见泥土中夹杂着许多白色的贝壳，这都是海岛变迁的历史印记。"过去，站在观音山上俯瞰，盐洲岛像是一片雪域，盐田里的海盐颗粒在阳光下闪着彩色的光芒。"从小在盐洲岛长大的翁华利津津乐道。盐洲岛过去盛产海盐，海盐天然无添加，吃起来不太咸，炒菜做汤有种自然的鲜美。现在岛上的盐田不多了，只在唐甲村八号盐町和岛对面的三洲村，还能看到古法晒盐的场景。

　　盐洲岛上海鲜多，过去相

邻的惠州黄埔镇、吉隆镇的人都爱来盐洲市场赶集，用米和菜换取海鲜和海盐。时至今日，盐洲岛的渔民虽已不再靠捕鱼生存，但钓鱼与赶海依然是这里的人文美景。盐洲岛前寮小舍的翁志开说，涨潮的时候，渔民喜欢划着两头尖尖的月亮船去考洲洋海上钓鱼，钓鱼时仅

停靠在码头的渔船（左图）；白沙村民居楼顶的天后宫（中图）；前寮村旧民居（右图）

用脚挽住桨，在海中摆动，不让月亮船随波逐流。

早期来盐洲岛游玩的，都是观鸟和拍鸟的人。白沙村的盐洲岛红树林湿地公园内栖息着成千上万只白鹭，还有罕见的夜莺。不同于冬来夏去的候鸟，白鹭常年停留在岛上。白沙村潘屋7号的阿潘说："随便什么时候上岛，都能看到白鹭。"当然，最好是元旦到清明时节上岛，那正是白鹭求偶、小鸟嗷嗷待哺，场面无比温馨的时候。特别是清明前后一个月，对对白鹭朝天舞、万鸟归巢映夕阳的情景随处可见。

白沙村小广场对面有个协天宫，左边有条小巷子对着海边红树林，再从一间民居的台阶走上去，竟然是一座小小的天后宫。站在天后宫的楼梯转角处，可以俯瞰整个白沙村——传统的黑瓦屋顶，更显村落的韵味。穿梭在小巷之中，偶尔会见到一些放着牌位的祖屋，身在其中不见日光稍久，恍惚就有种聊斋的奇异感受。走出小巷，就是白沙村的西码头，不少人坐船出海观光、捕鱼和垂钓，去老鼠岛游玩观鸟。傍晚，渔船泊在西码头海

涌两旁，鳞次栉比，霞光染红海面，海滩上幼小的红树带着光晕，白鹭展翅飞过红日，是可遇不可求的画面。

红树林瞬间被傍晚归巢的白鹭占据了，它们或亭亭玉立，或扑腾嬉戏，或引颈鸣唱，在白沙村靠近红树林的民居屋顶和阳台就能看到。想要在白天拍到白鹭捕食和飞翔的场面，可去前寮村和附近的村庄鱼塘转转。那里有成群的白鹭聚集在水中觅食，若是靠近，常会惊起群鸟一片，镜头难以捕捉，却能大饱眼福；国庆节和年后鱼塘清塘的时候，

鱼塘的白鹭尤其多，它们会成群结队去捕食小鱼小虾。海涌对面的三洲村也是拍摄白鹭的好地方，只需在盐洲岛的老渡口坐船过去即可。

盐洲岛上的居民纯朴虔诚，最盛时，当地曾有八十间庙宇，供奉各路神仙。村民们行走在村子里、海边，凡能看到香火的地方都会去拜一拜。古代粤东四大名庙，其中一座就在盐洲岛。前寮村玉虚宫很有年头了，庙里供奉着玄天上帝，悬挂的两块匾额也颇有来历："德耀众星"是清朝岭南大才子鲍俊晚

前寮村的村民们抬着贡品去无虚宫等寺庙逐一祭拜

【贴士】

公共交通：乘火车到惠东站下车，乘坐H3路公交车到达坌头村站，转吉隆8路到达盐洲岛（约1.5小时）；乘大巴到惠东黄埠汽车站，转吉隆8路。

自驾去盐洲岛较为方便，有时会对外地车辆分单双号限行进入。

白沙村村口广场上的戏台，正在演出当地的乡土剧种白字戏（上图）；村里的红树林，栖息着成千上万只白鹭（下图）

各划两条龙舟，在考洲洋上一比高低，抢夺终点的"锦青"。妈祖圣诞的时候，白沙村口的广场上则会搭起戏台，请来小剧团用海陆丰方言演唱白字戏，乡土气息浓郁。

渡头村、湾仔村、盐仓村三个村均有海滩，黑色泥沙十分细腻，适合游玩拍照。湾仔村沙滩面朝红海湾，适合看日出，海滩的右侧是黑排角徒步线起点，一天可步行至港口镇的双月湾。盐洲岛自驾游，少不了去杨屋村游古村，观玄武岩，去渡头村看日出。从盐洲岛旧桥出岛左转，可以去往渡头村和杨屋村。杨屋村村口有荷塘，荷叶随风轻舞；村外有海滩，面朝红海湾，白浪阵阵。斑斓的玄武岩像是被火山熔炼过的琥珀，随着时间雕琢，颜色随着天气变化多端。玄武岩的尽头，透过浪涛，隐约可见十几千米外的东山海。几米高的海浪扑向海岸的礁石，给海岸线披上一层梦境中的白纱。

有人喜欢观赏盐洲岛边上的玄武岩，有人喜欢登观音山去看大风车，还有人喜欢去铁涌吃蚝。但对更多人来说，盐洲岛是一个追逐白鹭的梦乡。

年荣归故里后所书，而"位正天枢"则是霞坑村的解元林茂秀所题。每年的五月初一，村民都会抬着供品，从玉虚宫开始祭拜。到五月初五，前寮港口人山人海观看"赛龙夺锦"——村里男女

盐洲岛
YANZHOUDAO

白沙村西码头上，归航的渔船与观光船（上图）；海浪的冲刷令杨屋村海边的玄武岩变成暗黑色，人们管这里叫作"黑排角"（下图）

根据谚语，"初一十五两头干"，每月农历初一与十五，由于早晚退潮，一天之内可以赶两次海，盐洲岛当地妇女都会去花窑港海滩赶海。她们用布带在腰上绑着工具——一根下面套着U形铁铲的倒T形木棍，刨些沙白等贝类，或者拿着"蛎钩子"去勾取礁石上的牡蛎、小圆螺、香螺、辣螺等。

东莞

东莞西与广州相接，中间隔着狮子洋水域。

因为虎门销烟事件，这片水域在中国近代历史上有了重要的意义。

虎门炮台不仅是鸦片战争的现场，更是中国近代海岸防御工程的重要历史遗迹。

今日，这些爱国主义教育场所已成为东莞最热门的旅游景点之一。

只有到过这里，才能更深刻地感受并了解开启中国近代史、陷中华民族于灾难屈辱的那场鸦片战争。

销烟与硝烟：**虎门炮台**

　　林则徐虎门销烟是中国历史的重要转折点，销烟、抗击英军，虎门炮台所具有的历史纪念意义，在于它是中国近代抵抗西方列强的前沿阵地，是一个可歌可泣的传奇之地。因此，前往虎门，是一次探索之旅，也是一场历史之行。

　　进入虎门镇口的林则徐销烟池旧址大门，左侧有两个复原后的虎门销烟池，最里面则是鸦片战争博物馆（林则徐纪念馆）和玉虚古庙。据博物馆内的文史资料的记载，虎门销烟池是两个46.5平方米的水池，当时的沙滩现今已变成陆地。清朝销毁鸦片的通用方法是"烟土拌桐油焚毁"，但这种方法的弊端在于焚后烟膏会渗入土中，被人掘起利用。于是林则徐创新采用了"盐卤与石灰浸化法"：在海滩上建销烟池，放入盐卤，烟土切瓣放入池中浸泡，加入石灰，涨潮时海水涌入，池中就会沸腾，彻底化掉鸦片烟土，并随着退潮时的海水从珠江冲进大海。1839年林则徐收缴了约两万箱鸦片，共计237万斤，价值840多万两银元，若送往京城销毁，不但耗时耗力，还担心中途被偷盗，于是就在虎门销毁处理了。

　　海战博物馆内保存的历史资料，可供追溯虎门炮台的历史。

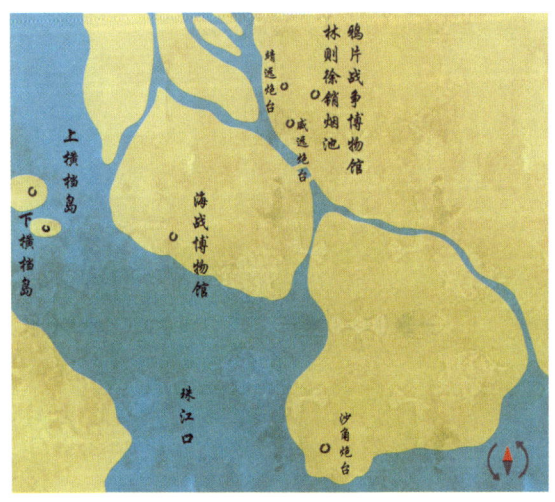

林则徐销烟旧址内复原的销烟池

海战博物馆前侧珠江边就是威远炮台遗址，山上还有靖远炮台、南山炮台、火药局、蛇头湾炮台、克虏伯炮等。虽然虎门大桥另一端山头上也分布有部分景点，但多半人只就近参观江边的保存最完整的威远炮台就作罢。

不少人以为威远炮台就是虎门炮台，其实虎门炮台是清朝海防炮台的统称。炮台群分布在珠江两岸的沙角山、大角山、武山和大虎山等地，包括了东莞虎门和广州番禺、南沙三地的炮台防御设施。海防炮台群有11座炮台共计300多门大炮，分为三道防线。第一道是沙角炮台和对岸的大角炮台；第二道是武山下的镇远、靖远和威远炮台，珠江中的上横档岛、下横档岛的上下横档炮台，和对岸芦湾山脚的巩固炮台；第三道是大虎山岛上的大虎山炮台，以及左右两岸的蕉门、南北炮台等。现存规模最大的炮台遗址是沙角炮台和威远炮台。

威远炮台旧址以一条360米长的露天炮巷为主展开，一侧为堡垒防卫墙壁和清兵营房，另一侧则是一排对着珠江水面的暗

林则徐纪念馆内收藏的清军将领战袍（左上图）
沙角炮台的德国产克虏伯炮（右上图）
沙角炮台内的储弹位（下图）

沙角炮台的濒海台

虎门
HUMEN

虎门原名虎头门，是广州大虎山岛与小虎山岛中间的水域，初设海防军营，后迁至威远炮台武山后面的"虎头门山前寨城"，广东水师提督虎门城寨衙署即设于此。清朝实施锁国政策后，广州作为唯一对外通商口岸，粤海关虎门税口负责查验和引航外国船只及货物。

珠江口边上的威远炮台外观（左图）
威远炮台的露天炮台（右图）

台炮台。26个暗台炮位面向珠江口，均匀分布在月牙形花岗岩炮台上。炮洞里的大炮炮身呈褐色，足有两米三长，颇令人震撼。堡垒上面的三座圆形明台炮台遥望珠江，十分威武。第一次鸦片战争爆发后，英军接连攻陷沙角炮台、大角炮台，随后攻击广东海防第二道防线。镇守靖远炮台的广东水师提督关天培率部浴血奋战直至牺牲，威远炮台也毁损严重，后于1885年重建加固。

沙角炮台遗址位于太平水道东侧，道路右边的墙壁上，至今仍可见许多枪眼。遗址的外墙包裹着后期修复时使用的水泥，但断面处还能看出当年建造时所用的砂石。经过抗英牺牲将士节兵义坟，可走到最前端的缴烟码头广场。广场上安放着带有圆形轨道的克虏伯大炮，体形比一般大炮大很多，格外引人注目。边上有林则徐纪念碑和虎门抗英功劳炮，海边是林则徐当年收缴鸦片的缴烟码头。

濒海台大门右侧看似无路可走，实际

威远炮台与防护墙之间的通道

上却隐藏着一条蜿蜒地道，地道一侧，分布着很多安放大炮的炮洞。走进圆形炮台，靠山一面有石窟般椭圆形的小坑，是存放炮弹的地方。从炮台池上来能远眺珠江口，三个炮台之间，竖立着陈连升塑像和节马雕像。英军进攻沙角炮台时，清军守将陈连升与驻军多次击退英军，但在20多艘战舰、2000多人的偷袭下寡不敌众，最终陈连升父子相继殉国；他的战马被英军运至香港后，据说不吃不喝而死，时人称为"节马"。

拾级而上，沙角山半山坡还有露天炮台、炮台墙壁、暗房、弹药库和清兵兵营，再往上走是捕鱼山炮台的遗址，其中遗留有清代的大炮。

清政府腐败无能，"重陆轻海"导致第一次鸦片战争失败，但虎门战役在中国近代史上所留下的印记，绝对是浓墨重彩的。游历虎门炮台遗迹，鸦片战争的那段历史会从书本中跃然眼前。

【贴士】 虎门鸦片战争遗迹与纪念地分布在虎门三个地方，可依据以下顺序参观：虎门镇口的鸦片战争纪念馆（林则徐纪念馆）、林则徐销烟池旧址；虎门镇海战馆路的海战博物馆和威远炮台旧址，虎门镇沙角社区炮台路西的沙角炮台旧址。

捕鱼台炮台现不对游客开放。

深圳

大湾区核心地带的深圳，
海岛不多，
但这里有中国最美八大海岸之一的深圳大鹏半岛国家地质公园，
是热门的户外活动目的地，
有年轻群体热爱的海滨度假地较场尾，
充满民宿游艇与冲浪潜水的狂欢，；
有深圳最东方的鹿嘴山庄，
睁眼打开窗就能迎接深圳第一缕阳光，；
有可供穿越的刺激的红排角，
可在国家地质公园的核心地区观赏『冰与火』的奇特地貌，；
有老少皆宜的东部海滨栈道，
是看海最轻松亲民的徒步线路……
深圳的海滨虽未声名远播，
但胜在自然环境好，
旅游设施配套完善，
处处皆体现出深圳这个大都市的多样与包容。

世界上最长的海滨栈道：
东部海滨栈道

很多人以为深圳看不到海，其实是因为走得不够远。深圳盐田的大鹏湾边上有一条海滨栈道，被称为世界第一长"海滨玉带"，空气好，路途不难，还免费，能让人身在都市感受到惊涛拍岸的美，是最亲民的徒步路径。

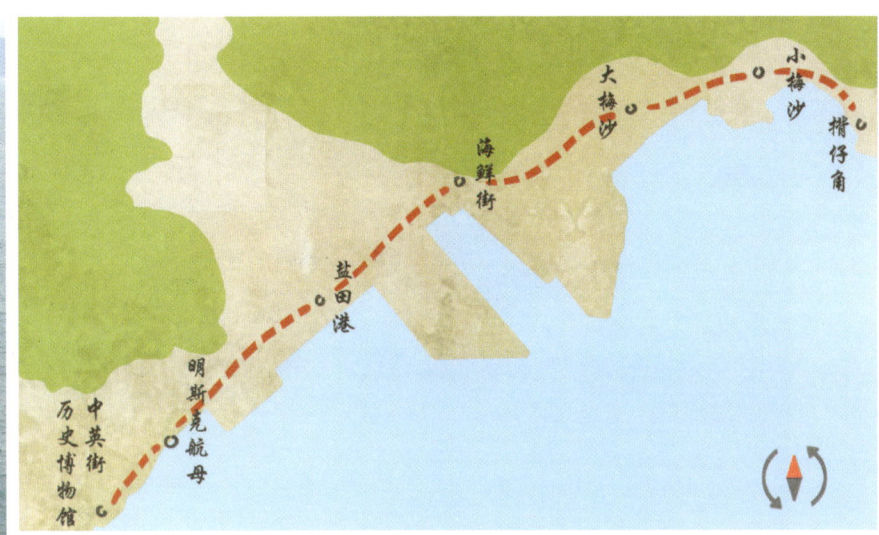

小梅沙段
休息平台

这条东部海滨栈道的起点在沙头角中英街，终点在揹仔角，普通人走完全程19.5千米需六七个小时，老人和孩子都可以走上其中几段，随上随下，是深圳老少咸宜的徒步线路。东部海滨栈道共分为"城市生活岸线""工业港区岸线""自然生态岸线"三个主题段，其中第三段是徒步的精华路段，含"大梅沙西栈道""大梅沙海滨公园""大梅沙东栈道""小梅沙海滨公园""揹仔角栈道"五个部分，共计11～12千米路程。

东部海滨栈道的第一段"城市生活岸线"是从盐田区沙头角中英街附近的海滨栈道健身广场出发，直到盐田港，其中部分路段可以骑行。明斯克号航空母舰曾经停靠在栈道边的海上，游人可以顺路到航母上参观，直到航母移往舟山进行整修。

第二段"工业港区岸线"长约7.2千米，主要围绕盐田港港区，其中部分道路暂时无法进入港区海滨，只能绕行公路边的道路，所以这一段的路况最为复杂。新修建的网红打卡地"灯塔图书馆"就在这段栈道途中，也是深圳最近海的图书馆。图书馆将惠普尔的名言"书籍是屹立在时间的汪洋大海中的灯塔"具象化地呈现出来，不可谓不浪漫。

这一路段还包括了深圳知名的海鲜食街——盐田食街。这

游人徒步在东部海滨栈道小梅沙段（上图）
大梅沙段休息平台（下图）

揹仔角

BEIZAIJIAO

　　揹仔角是东部海滨栈道的终点，不过，附近还有另一条深圳的绿道，经过官湖绿道，可以一直走到南澳，但还需要徒步几十千米，大概只有"磨房百公里"级的驴友才敢继续挑战了。

里餐馆林立，不少老牌餐馆的厨艺值得称道，很多游客慕名来吃海鲜。顺着海鲜食街餐馆门前的栈道，左行往大梅沙方向，可继续徒步盐梅边的栈道。此段栈道略有坡度，可以看到盐田食街全景，步行时间约为40～50分钟。内行的老饕往往会直接坐车去往终点揹仔角栈道，再反向徒步到盐田食街——无他，辛苦徒步后的晚餐最是鲜香。

第三段"自然生态线"中最棒的路段是大梅沙西栈道。盐田食街到大梅沙之间有可以走下海边的台阶，还有一个宽敞的小型广场，即使是结伴而行的人多，也不会在栈道路上影响他人，适合团体休息合影。站在观景平台上，可以远远地看见大梅沙海滩，如果天气好，走在阳光下的栈道上，吹着海风，是最简单的享受。从这里到大梅沙海滨公园的西端，不足1千米的栈道都修建在海边的岩石上，行走其中，仿佛是在走一条大海上的浮桥。大梅沙西栈道适合带着老人和孩子过来徒步，将自驾车停在大梅沙停车场，从大梅沙公园的南侧门出来，穿过月亮酒吧门前栈道，往盐田食街方向走，到了前面所说的休息广场，再返回到大梅沙，总共不到2千米。

遇到有风的日子，大梅沙西栈道可听涛观浪。大浪阵阵冲击在礁石上，泛起几米高的浪花，十分有气势。这一段栈道是开放的，有出口可至栈道外面的海边和礁石上，嬉水、拍照最佳，但也常常有人不慎落水和湿身。

这段栈道的尽头可以进入大梅沙海滨公园，所有来大梅沙拍婚纱照的新人必到旁边的栈桥和"天长地久"石去打打卡。七个18米高的彩虹色"羽翼人"立在1800米长的大梅沙海滩上，舞动着银色的翅膀，身姿动作都好似夏季热闹的大梅沙海滩上的孩子，象征着梦想与幸福。在海滩东北侧，83.6米高的钢结构铁塔是大梅沙的标志性建筑，乘电梯可直达50多米高处的观光层，俯瞰整个大梅沙的风景。

走出大梅沙海滨公园，从街上的步道绕过大梅沙国际水上运动中心游艇码头和京基喜来登酒店，沿着S360盐葵公路到达大梅沙东栈道。路边有一个观景点，能够远眺大梅沙海滩和京基喜来登酒店，从月亮酒吧走到这

大梅沙附近的礁石（上图）；大梅沙海滩（下图）

里，大约有2.6千米，约需半小时。从公路走下台阶，来到海边的观景平台，可遮阳避雨，可观景——在漂浮般的栈桥上极目远望，海面波澜壮阔，栈道下的礁石群峭拔险峻，风浪大时站在这里，好像乘在《千与千寻》中白龙的背上穿行于海浪中。海水冲上栈道，游人既要前行，又要当心滑倒，这一场观浪，真真令人惊心动魄！

徒步在东部海滨栈道的游人

从海边再度上到盐葵公路，顺着路边的小道行走，在拐角处的高点可俯瞰小梅沙海滩。走过小梅沙情人小径，便可以到达小梅沙海滨公园。相对丁大梅沙海滨公园的人山人海，由于收费，这里显得更为清静，有良好的海滨浴场和众多娱乐项目。沿着公路继续前行，可以绕过小梅沙公园。经过小梅沙海洋公园和一个钓鱼场，栈道又再出现，顺着往前走，便开始了新的一段线路——揹仔角栈道，走完这一段大约1千米的路程，就来到整条东部海滨栈道的终点揹仔角。

揹仔角栈道是东部海滨栈道最安静的路段，走到这里游人越来越少，景色也更野生自然。建在海边礁石上的白色的栈道栏杆在这段纯天然的环境中显得格外醒目。在习习海风中走完最后1千米，到达一处圆形平台，就可以庆祝走完了东部海滨栈道19.5千米的全程。

东部海滨栈道是深圳最亲民的徒步路线，即使是只走一两段，也可浅尝海滨徒步的滋味。

【贴士】　公共交通：从地铁8号线海山站下，步行至栈道起点。要穿越大梅沙海滨公园，需提前预约进入公园，未预约者可以从公园外面的道路绕行。终点返程时，可在华侨墓园站或者华侨墓园西门站乘坐M438路公交车。

建议乘车到栈道终点揹仔角，往回走到大梅沙或者盐田食街，便于乘坐更多公交车。

穿越中国最美海岸线：**红排角**

大小梅沙、官湖村、鹅公湾、鹿咀山庄、杨梅坑、大鹿港、坝光、柚柑湾、西涌和东冲一带的大鹏半岛海岸线，被评为中国最美八大海岸之一。大鹏半岛国家地质公园建成后，逐渐成为深圳的滨海生态旅游度假区。大鹏半岛众多海滩中，保存最完好的生态区域当数红排角，称得上是深圳的最后一片生态"净土"。

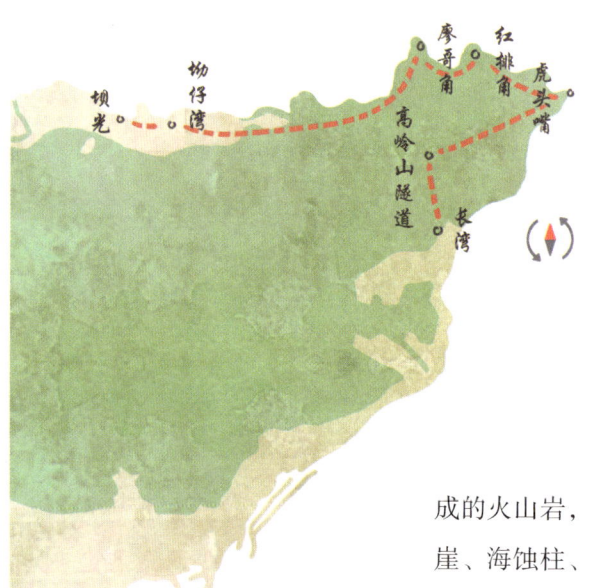

成的火山岩，被海水冲击成海蚀崖、海蚀柱、海蚀洞和海蚀桥窗等景观。

红排角是七娘山古火山的一部分。海岸线上的火山岩石色彩格外炙烈鲜艳，在阳光下或是雨水打湿时，会呈现出非常迷人的火焰红或黄色。尤其每到雨后，红排角的石头更是分外鲜红，是摄影的绝佳时间。

红排角面朝大亚湾，是坝光和沙湾长滩间的一段海岸线，以古火山遗迹及海岸地貌为主，山海相融、水火共存，可谓一半海水一半火焰：一边是大海、沙滩和潟湖，一边是火山岩浆冷却形

七娘山
QINIANGSHAN

七娘山是大鹏半岛南部的主要山峰，处于亚洲大陆边缘巨型火山带中，是侏罗纪火山岩的典型代表。1.35亿年前，七娘山两度火山喷发，红色的火山岩石与蓝色的海水共同形成了水火相容的独特景观，是研究我国东南沿海火山活动的天然地质博物馆。

红排角火山岩上的花纹像是古代岩石上的壁画

穿越红排角并非易事，从坝光、坳仔湾、廖哥角、红排角、虎头嘴、蟹岩、寡妇村海滩、长湾海滩，最后到高岭山隧道，全程徒步需六七个小时，难度也很大。翻越时需要特别注意的是，沿途有几处岩石需要手脚并用，队友相互帮扶，如果没有后援会比较危险。但是，越难走的路，风景越美。翻越途中，爬上岩石，站在山上眺望，伸进碧蓝海湾中的红色岩石，仿佛是一股冲进蓝海的红色潮流。亿年前的火山喷发，迸射的岩浆流入海水中逐渐冷却，才造就了今日的奇观。从那一块块蜂窝状的岩石上，仿佛仍能感受到当年火山爆发时，岩浆肆意蔓延的壮观。有些岩石的凹陷里残留着退潮之后的海水，倒映着天空的湛蓝；有些岩石自然风化的纹理纵横交错，裂纹上都带着油画般的色彩；有些岩石好像原始的壁画一样，乍一看似有神秘的人物、图案或文字隐现其上，让人琢磨不透，仿佛是侏罗纪时期的"天书"……

途中有一座挨着白色灯塔的废弃码头。坐在灯塔下的石阶上，吹着海风，看着对面的喜洲岛和来来往往的船只，如同身在异国的海岛上。岩石被海水冲刷出一道深深的凹道，透过凹槽看海上的船、远方的海岛和白云，就像是给广阔的景色镶上了精致的框。

无限风光在险峰，七娘山的海拔虽然不高，这绝美的岩壁却是红排角最难穿越的部分。有两种穿越方法可以选择，一是如果遇到退潮，可直接下到海里，从齐腰深的海水中走过去，这是较简单的办法；二是如果遇到涨潮，就只能大步跨过海水，跳过礁石之间的沟壑，面朝岩壁，像壁虎一般紧贴着从绝壁上的岩石攀爬过去。其间如果掉下去，撞到海中的尖锐礁石，后果是无法想象的，因此一定要备有安全绳辅助，且和同伴一起攀爬穿越。

由于光线折射的缘故，和附近海域相比，这里的海水在不同的地方呈现出不同的神奇幻彩：留在石缝里的海水仿佛是透明的，可以看到水下的岩石，甚至是游弋的小鱼；而岩石周边的海水，则透着浓郁的蓝绿色，跟更外缘的蓝色海面形成了极大的反差，色彩也随着角度和光线的变化而变幻。穿越途中，偶遇海钓

整体穿越红排角耗时约6个小时。上图为驴友在穿越途中欣赏海景，下图为红色的岩石与蓝色的海水共同形成的"山海相依，水火相容"的独特景观

红排角海中的一处岩石（上图）
快艇掠过红排角的灯塔（右图）

者乘着小船去到海中礁石上，那挥杆海钓的背影，颇有一丝当代孤岛蓑笠翁的傲气风骨。

爬过峭壁，前路并没有变得更容易——一条小路仿若无路，仅容落脚的是几处突出的岩石。心惊胆战地攀登上近乎垂直的山，接着就陷入了一片灌木丛林中。人在不见天日中穿行，几乎无法抬头四顾，只能弓着腰、喘着粗气负重前行。

钻出灌木丛后，礁石逐渐变得稀疏，这才终于到达海滩。海水冲刷在岩石上，溅起浪花，让疲惫的穿越者们倍感畅快淋漓。日落余晖照在布满鹅卵石的长滩上，每粒卵石都染上了金边。坐在岩石上看海发呆，漫长的攀爬中绷紧的神经，这一刻总算得以松弛下来——只有感受过穿越时的心战胆寒，才能领略风光的壮美无限。

【贴士】 自驾车在盐坝高速坝光出口下，从坝光村开始步行。

红排角有部分区域现已禁行，只能原路返回。

红排角是一处高风险穿越地段，多处需要从海边悬崖攀爬，非专业户外人士和不配备攀登绳索及人员支援的情况下，不建议轻易穿越。

珠三角最大规模民宿村：**较场尾**

距离深圳市区58千米的较场尾，对资深海滩玩家来说，只算是个平平无奇的海边小村，但对年轻人而言，这里有众多充满艺术情调的特色民宿客栈，还有历史深厚的大鹏所城和东山寺，无疑称得上是珠三角的"垦丁"。

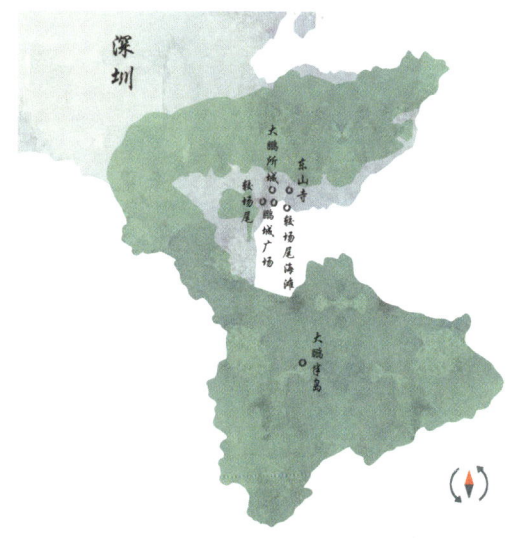

早年的较场尾是深圳的一个小渔村，偶尔会有驴友结伴来海边搭帐篷露营，村里有两三家渔民售卖泳衣、救生圈，提供自来水冲凉。后来，这个没有游客的海滩逐渐获得水上运动爱好者的青睐，在此租房作为大本营。就这样，从2007年第一家民宿开业，发展到现在的四百多家，较场尾已经成了深圳乃至珠三角最大规模的民宿村。

较场尾的民宿大多经过精心设计，日韩式、欧式、地中海式、后现代风等多种风格百花齐放，情调足以媲美中国台湾的垦丁，因此价格也不低。在沿海的民宿，可以坐在院子里看海，在阳台上吹海风，在屋顶上喝咖啡；村内的民宿也有满墙藤蔓的小花园，鲜花环绕，独具匠心。

较场尾并非深圳唯一拥有海岸线的村子，但却是海岸线最长的，近4千米的海滩，漫步需要约一个小时。此外，还可以在海滩南端的礁石上拍人像，在旧栈桥码头上垂钓，在海上享受风筝滑板的刺激、香蕉船摔打的颠

临海的民宿前院

簸，以及水上单车的悠闲与浪漫。即使是旺季，在较场尾也仍可以闹中取静，端一杯咖啡发一天呆，持一壶清茶享一日闲。旅人在客栈的院子里，晒着太阳，天南地北地闲聊，于此发酵出无数邂逅。

较场尾也是一个有故事的小渔村。从鹏城广场出发，十分钟可以走到大鹏所城和东山寺。大鹏所城是深圳八大著名景点之首，也是深圳别名"鹏城"的由来。在明清两朝，为抵御海盗和外来侵略，大鹏所城成为中国南部海防的一个军事要塞，防区包括今天的深圳和香港，而较场尾正是大鹏所城练兵的校场，当时叫作"校场尾"。

作为全国保存最为完整的明代海防所城之一，大鹏所城现存东、南、西3个城门及东北古城墙基址，以及护城河、参将署、守备署、东校场、西校场、军装局、火药局、县丞署、协台署、文庙、华光庙、城隍庙、晏公庙、关帝庙等遗址。登上南门城楼，往南就是较场尾，透过城楼木制大门往北望去，可见古城内南门街的屋瓦青青，旌旗猎猎，古巷内人来人往。远处北门的文庙遗址古树依稀可见，东方则是有600年

大鹏所城

DAPENGSUOCHENG

　　全称为"大鹏守御千户所城"的大鹏所城建于明洪武二十七年（1394年），是明清两代中国海防的重要军事要塞。所城平面呈近梯形，占地约10万平方米，城墙高6米、长1200米，上设雉堞654个，并辟有马道。全城分东、西、南、北四个城门，每个城门上各建有一座敌楼，两边各设两个警铺。城外的东、西、南三面均有一条长1200米、宽5米、深3米的护城壕沟环绕。

大鹏所城南门城楼上看古城

玩风筝滑板的户外运动者

历史的大鹏东山寺。

大鹏所城内有东门街、南门街、正街三条主街，其次有东城巷、赖府巷、戴原巷等街巷，还有无数狭窄蜿蜒的青石小弄。白天，老城被淹没在人流之中，来来往往的游人徜徉在大鹏所城的街巷中，逐门逐户地感受深圳的前世今生，只有傍晚时分，人潮退去，所城内才慢慢恢复了平静的原貌，渐渐有村民聚集在古榕树下纳凉聊天。

大鹏所城曾出过十几位将军，故有将军村之称，众多的将军府邸在这个近十万平方米的明清民居建筑群中格外醒目。古城南门右侧内，赖恩爵将军第的建筑规模最为壮观，2500平方米的建筑，屋、厅、房、井、廊、院多达数十栋，按照用途分为客厅、书房、卧室、厢房、厨房等。历经150年的光阴，府邸内雕梁画栋依旧，其中金木雕刻最为出名。府邸内牌匾众多，门首横额上的"振威将军第"为清道光皇帝御笔所题。古城南门街内的刘起龙将军的"将军第"也颇有名气，虽然面积只有振威将军第的五分之一，但却是典型的清代四合院。将军第的平面呈不规则梯形，由侧门进，前有长廊，左为后院，中心为住宅，三进三间、一天井、二厅、六厢房。檐板雕刻花鸟草木、人物故事等题材画，栩栩如生。

大鹏所城的正中央有个大鹏谷仓，可追溯至明万历年间，如今已成为博物馆。古城内还有侯王庙、天后宫、赵公祠、参将署等一批古迹与遗迹可寻，过去辉煌的左堂署遗址，如今只剩石凳三两只，曾经的官府威严如今已难寻痕迹。

到较场尾的人，迷恋的不仅是小资的文艺民宿，更是对休闲生活方式的追求——那也许就是我们日常生活中所缺少的浪漫。在大鹏所城和东山寺，寻觅的是深圳历史的印记，是这座城市古老时光的余温。

较场尾最不缺的就是各式文艺气息浓厚的特色民宿

【贴士】 自驾：可GPS导航至较场尾P1或P2停车场。

公共交通：乘M423、M457到大鹏二小公交站下，步行至较场尾或大鹏所城；乘M471到较场尾公交站下。

鹿嘴山庄的日出

亲近深圳的
第一缕阳光：
鹿嘴山庄

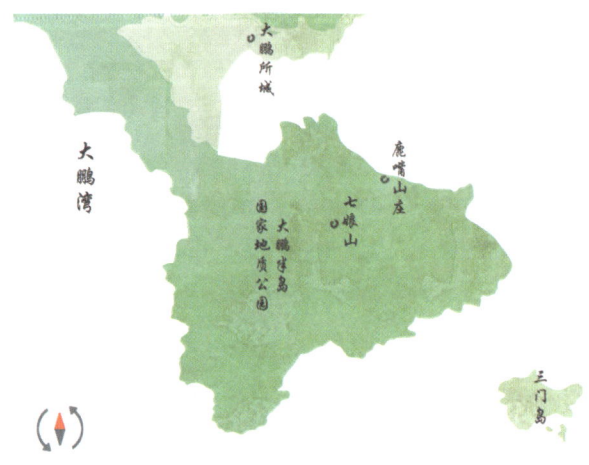

人言仁者乐山、智者乐
水，那么能登高、可观海的
鹿嘴山庄，无疑是仁智兼顾
的选择。

经过杨梅坑海滩后，沿着5千米长的马湾海滨公路继续前行，大亚湾的海浪拍打着堤岸，海边的仙人掌花开得灿烂，三五成群的游人漫步在海滨公路，骑行者如过江之鲫，电影《美人鱼》里的林允也曾在这里溜着滑板。在鹿嘴码头拐过一道弯，就能看到店沙滩上的桃花岛，穿婚纱的新人穿梭其间，像桃花林里的花仙。绕过鹿嘴溪，穿越湿地公园，山上别有洞天：绿树掩映之下，红色房顶若隐若现，这里就是深圳和大鹏半岛最东端的鹿嘴山庄。

鹿嘴山庄本是南澳的一个小渔村，大鹏半岛国家公园建成后，成为一处开放景点。山庄的海边，多是临海的峭壁，最高的悬崖大约有几十米，远远看去像是头小鹿伫立于南中国海之滨，尤其是顶上的岩石形状酷似小鹿的嘴，鹿嘴山庄因此得名。站在向东的观日台，南海无边无际，冉冉日出，霞光万丈，诸岩朝宗，紫气东来。

鹿嘴山庄不仅是深圳的最东端，也是中国南海的边缘，不

礁石上的垂钓者

少旅人为了观赏深圳的第一缕阳光而来到这里，更常有新人来此拍婚纱照，接受晨光的祝福，以这第一缕阳光见证爱的炙热。海风时时拂起新人的婚纱，像山崖上的一缕晨雾。

鹿嘴山庄属于大鹏半岛国家公园的一部分，这里有千层古岩海蚀洞群——悬崖下，海浪日日冲击礁石，永不止歇地用白浪雕琢着海蚀艺术。遇到起风或者是涨潮的时候，浪花可以卷起数米高，十分壮观。站立在悬崖顶端，不由得心生敬畏，常有户外运动爱好者沿着海岸线攀岩穿越，冒着巨大危险体验这一带壮景。在鹿嘴青锣湾三十米高的绝壁下，还有一个巨大的天然溶洞——人鱼洞，是电影《美人鱼》的拍摄地。涨潮时，海水咆哮着冲进洞中，浪声阵阵，震动回荡；落潮的时候，游人可以沿着峭壁小路攀爬到海边，趟着海水进入溶洞一探究竟。

草木荫深处，欧式木屋面海依山而建，房前有木制露台。清晨，走出木屋就能看到远处云雾笼罩、含翠欲滴的七娘山。热衷晨练者，可沿着杨梅坑的海滨公路一路呼吸着清新海风跑步

下山。如果喜欢户外运动，鹿嘴驿站不远处还有"鹿雁科考线"的登山口，它也是山海径绿道入口，可供徒步至深圳第二高峰——七娘山山顶的大雁顶。这条线路景色绝美，可以饱览大亚湾以及附近海岛的壮丽。但线路海拔提升很快，难度较大，即使是体力好的驴友，要登上801米的大雁顶，也需要三四个小时，下山返回亦需两三个小时。

山庄附近的野地，芳草萋萋，秋季到来时，还能在这里看到微缩的草原景观。2007年，附近的七娘山下还发现了160多株平均高约两米的野生中华荣兰群，风吹草低，这些珍稀的半红树林植物便会露出像是野生小菠萝一样的果实。

悬崖边的问海阁餐厅的木质围栏外，就是变幻无穷的海景，坐在露台上，边看山望海，边品尝七娘山的野菜，或是餐厅美食三宝——海胆、鲍鱼、红虾仔，食材地道而新鲜，风光与饮食同样的美好简净。餐厅边上有条台阶，可扶栏下到海边，那里有一个小沙滩和一个码头，常有渔船靠岸，载人出海海钓或者海上观光。

鹿嘴山庄

LUZUISHANZHUANG

树木丛林掩映下的鹿嘴山庄（上图）；天然溶洞"人鱼洞"是电影《美人鱼》的拍摄地（下图）

深圳龙岗区南澳的鹿嘴山庄是当地渔民集资修建的一处度假村，在大鹏半岛最东边的山上，一面靠山，三面环海，俯瞰大水坑湾，与惠东的巽寮湾、双月湾遥遥相望，成为深圳一处绝佳的隐秘度假胜地。

过店湿地（上左图）；马湾海滨公路边的垂钓者（上右图）
悬崖下面的船钓者（下左图）；山庄里的木头小屋（下右图）

　　小沙滩不远处是礁石区，海浪抚上暗红色的礁石，白沫恋恋不舍地褪去，常有钓友在附近挥竿垂钓，漫享人生。

　　夜幕降临，行走在悬崖上的林中小道，耳边是虫鸣与涛声交响，林木与晚风齐奏。坐在木屋的阳台上，开一瓶红酒，听浪涛拍岸，看辉月高悬，若遇上晴朗的夏夜，星宿当空闪烁，银河深邃无边，则更令人沉醉。不妨让大脑暂停思考，脱离浮躁与繁杂的社会，短暂地放空身外物，寄思与明月，一饮忘古今。

【贴士】　　深圳市内自驾在盐坝高速葵涌出口下，GPS定位鹿嘴山庄，往桔钓沙、浪骑游艇俱乐部方向，进入X260公路一直走到底就是鹿嘴山庄，全程约70千米，约1.5～2小时。非住宿车辆只能停在杨梅坑的停车场。到达杨梅坑后乘坐电瓶车，租自行车或者徒步上山。

江门

江门的海岸线占广东省海岸线的十分之一长，所拥有的海岛数量（561个，其中555个岛屿是无人岛，只有6个海岛有人居住）位居大湾区各城市之首、广东省第二。

其中，既有极受欢迎的那琴半岛海滩，也有中国第二大群岛——157平方千米的上川岛和98平方千米的下川岛组成的川山群岛。

上川岛是中国海上丝绸之路的重要节点，拥有飞沙滩、金沙滩、银沙滩等12处纯净海滩。

被誉为「中国普吉岛」的下川岛上海湾温婉秀丽，海滩沙质优良，众多度假酒店和餐馆星布岛上。

寻找海上隐世之境：上川岛

上川岛、下川岛组成的川山群岛是中国第二大群岛，其中上川岛为广东第二大岛屿，有12处海滨沙滩，总长度达30多千米，是"南粤百景"之一，也是中国海上丝绸之路的重要节点。

乌猪洲

金沙滩
宝鸭洲 银沙滩
三沙湾
上川岛
九龙洞 飞沙滩
东方渔谷·
沙堤渔家风园
沙堤港

(1)

宾馆窗外的沙堤渔港

三洲港码头海天一色，浅滩上停泊着渔船，云彩为画面营造出层次，上岛的渡轮缓缓驶入画卷。渡轮通常中午或下午到达三洲港码头，可先去沙堤镇的沙堤渔港欣赏"渔港晚霞"，住一夜正合适。

沙堤渔港三面环山，一面朝海，是个天然避风港，水深12米的港湾很适合大船出入，是广东省五大渔港之一。渔港里停泊着各色渔船，乌篷小船载着游客来来往往。渔港小镇上有好几条街道，空气中飘荡着渔船修理店的伙计敲敲打打的声音，店里的墙面上，贴着老旧的海报。

傍晚时分，太阳渐渐从港湾右侧的大山沉落下去，沿着渔港左侧的小路一直走到毛鸡咀、望船湾，往返两个多小时的路程里，便能看到日沉大

飞沙滩日出

海。如果驻足海港的围栏边或酒店的窗前，则能欣赏"渔港晚霞"的美景。晚间在冰桥前的渔村码头餐馆，清蒸一条石斑，白灼一盘青口，再佐以一盆冬瓜沙白汤，味道简约真挚。饭后坐在健爽糖水店门前，饮一杯酸梅汤或凉茶，听老板胡先生聊渔港往事。

清晨开窗，但见早出的渔船披着朝霞，划破明镜般的海面。晨跑经过小镇街头，顺道逛逛菜市场，渔民担来的渔获中，常可见八斤多重一条的灰褐色鳘鱼，其蛋白质含量极高的鱼鳔是制作花胶的上乘材料，如果是野生"金钱鳘"，则更是价值不菲。在菜场边的林氏小吃店，吃上一份肉蛋肠粉、芝麻肉云吞、艾叶糯米糍等，顺便还可听一听老板大谈渔村美食秘籍。如果是多人同行，不妨在沙堤渔港包船出海打鱼，去对面海上的墨斗洲，或是租车去山顶看大风车，去棋盘山探访海盗张保仔洞，俯瞰沙堤渔港。

上川岛有飞沙滩、金沙滩

和银沙滩三大海滩，金沙滩最长。飞沙滩是岛上唯一被开发的4A景区，酒店、餐馆等服务设施都集中于此。飞沙滩的海沙细腻无比，被誉为"南海第一滩"，海床坡度平缓，水质全国一流，踩着细软的水中沙跑向十米外的大海，温和的海水也只没过腰部。

飞沙滩"碧海红日"当属上川岛最梦幻的景观。凌晨五点多，飞沙滩上，早已有许多人在静候日出。一轮红日从海上冉冉升起，顿时映红了天空中的云彩和海滩，层层海浪粼粼波光，天空的云彩倒映在沙滩水中，仿佛是天空之镜。日上三竿，远山、风车、海滩和酒店都披上了朝霞，像是悬浮其中的天空之城，沿着4800多米的飞沙滩漫步，海浪下的沙滩，纹理如空中俯瞰沙漠一般，畅游的小鱼像是飞翔在沙漠之上；孩子们则在寻找漂亮的贝壳，行走在充满海洋气息的沙滩上，格外惬意。

沿着飞沙滩往北走到尽头就是九龙洞，公路的下方有一条鲜为人知的"潮人径"。上

从三洲港码头坐车十几分钟，即可到达台山丝绸之路博物馆、大洲湾遗址和圣方济各墓园。在大洲湾沙滩上，曾经散落着无数碎瓷片，当年随手都能拾到红绿彩瓷、青花瓷、白釉瓷等，甚至还能捡到瓷碗、瓷盘和小口罐等，所以被称"花碗坪"。这些古瓷片中，包括"大明年造""正德年造"等年号款式，甚至还发现了景德镇定制的，带有葡萄牙文徽章的青花瓷，考古证实大洲湾是明代中期中葡商人走私瓷器交易点的遗址。

川岛共有八条潮人径，全长78千米，最美最短的是这条飞沙角栈道。经过天后宫，一直可以走到赏浪亭、听涛亭。飞沙滩的尽头，常有当地的妇女赶海，烈日之下，穿着长袖长裤的妇女们拿着木棍，戴着帽子用头巾围着脸，拖着大网兜趟水行走，在海里不停地拖动着木棍，时常弯腰捞沙白，一天几个小时泡在海水中，是场辛苦的劳作。海浪飞溅中，彩色的外衣、飞扬的头巾，在游人

宝鸭岛附近海滩的赶海人（上图）；沙堤渔港冰堤（下图）

穿过圣方济各·沙勿略墓园的牌坊，进入460年历史的墓园，园中有一座西班牙哥特墓堂，塔顶竖立着十字架，墓堂前方的平台上的十字架则以大海为底色。方济各·沙勿略是西班牙巴斯克豪门之后，1552年9月抵达上川岛，住在用树枝和茅草搭成的茅草屋，伺机进入广州到中国内地传教。墓堂下方的海边有一座圣井，据说是沙勿略亲自挖掘的水井，距离大海仅仅一米，却是清凉的淡水。12月沙勿略突发寒热病故上川岛，作为耶稣会第一位来华传教士，他被罗马教皇封为圣徒，圣方济各墓园与大洲湾遗址也入选了世界文化遗产项目"海上丝绸之路"遗产名录。

眼中，是一幅美妙的赶海图。

飞沙滩尽头，对面海上有一座小岛叫"宝鸭洲"，退潮时沙滩露出海面，可走到对面。岛上有一座灯塔和一座六米高的宝鸭女神花岗岩塑像，女神双手平伸，掌心各托着一只小鸭。传说天界守天河的沙龙逃到海上，为争地盘而常与南海龙王恶斗，张天师用观音菩萨给的三件宝物降服沙龙。第一件法宝碧玉簪收服沙龙，沙龙变成了龙形海岛——上川岛，第二件法宝三片金叶子镇住沙龙，金叶子变成了金沙滩、飞沙滩和银沙滩，第三件法宝就是女神手中两只宝鸭，佑护上川岛风平浪静。行走在潮人径高处，才知传说的神奇，俯瞰飞沙滩，宝鸭洲像是一个宝瓶，将飞沙滩吸入瓶中。

潮人径顶端是静谧的听涛亭，除了风声浪声，只有虫鸣，人在此处容易进入无我的境界。上马路前行1.5千米，则是十里金沙滩，水清沙幼，附近生长着50万平方米的珍稀竹柏林，常有成群结队的猕猴在这里嬉戏，是省级猕猴保护区。

夜幕降临，飞沙滩大排档上总是人山人海，海滩边的小道上摆满了卖贝壳、海鲜干货的小摊，骑双人自行车的情侣穿梭在人群中，给喧闹的集市增添了浪漫的氛围。海滩上的沙滩吧，亮起了霓虹灯，三五成群聚在沙滩边的小桌旁，吹着海风，喝着啤酒。有人点燃烟花棒，划着圆圈或者英文字母，光线变成浪漫轨迹。月光下、沙滩边，阵阵白浪依稀可见，情侣们手拉手，在漫天的繁星之下，踏浪而行。

沙堤渔港的渔船维修店（上图）；沙堤村街头（下左图）；1897年修建的新地村天主堂遗址（下右图）

【贴士】 　　广东省汽车站（广州）、珠海拱北、阳江、台山汽车总站均有直达巴士到山咀码头。自驾到广东台山市山咀码头，码头有停车场，停车费30元一天。自驾汽车可以通过渡船上岛。

　　乘坐渡轮到上川岛三洲港码头，航程大约30分钟。三洲港码头有景区大巴去飞沙滩景区和沙堤镇。上、下川岛每天均各有一班渡轮到对方岛屿。

　　圣方济各·沙勿略墓园已暂停开放。

度假不二地：下川岛

比起上川岛的自然风物，下川岛胜在休闲度假，那里的美食在广东众多海岛中颇有名声，适合度假，适合吃喝玩乐。当然，也可以登山徒步，或者租一辆摩托车或手动吉普车，来一次环岛自驾。

从下川岛独湾港码头坐景区巴士，可到达王府洲景区。穿过这个海滨小镇上的一条街道，就是椰林与王府洲海滩——绝大部分酒店、餐馆和商店都集中在这个海滩附近。沙滩边散布着的五十多家酒店，布局近乎一致：一层是餐馆，楼上是客房。

浅色沙滩上错落着一排草顶遮阳棚，远处散落的红点，都是海浴场上穿着免费红色救生衣的游客。海面上飞驰着摩托艇、香蕉船和飞毯，牵引着空中的风筝与海上降落伞，年轻人快乐的尖叫声随着海风呼啸而过。

上川岛半渔半农，当地人清晨出海打鱼，九点回岛种田，故岛上自产水稻和青菜，有机且健康。下川岛东南大陆架外缘是

长达330千米的优良渔场，除了常规的鱼虾蟹，还有金色小沙丁鱼、鲐、蓝圆鲹、大甲鲹、竹荚鱼等，足以令来到岛上的人们大饱口福。王府洲一家酒店的老板谭先生说，小时候钓鱼，往往随手用竹子做条鱼竿，以沙蟹、虾做饵料，钓上来的渔获中，濑尿

下川岛海景

虾和蟹都是不吃的，食用得最多的倒是石斑鱼，煮熟后无须调料，自带鲜香。

所以，美食远近闻名的下川岛上，最受欢迎的无疑就是新鲜且做法地道的海鲜了。岛上最奢华的一道菜是"渔家海中宝"。上菜时，服务员抬上来的通常是一个大盆，甚至是条小木船，当中一条大鱼，周围铺满鲍鱼、虾、蟹、螺、蚝、墨鱼，还有各种贝类，辅以青菜、番薯、玉米、粉丝等，可谓海鲜版的"满汉全席"。至于日常饭菜，也可以简单又美味：一碗阿嫲海鲜汤圆，一份辣炒文头螺，一锅杂锦海鲜，再人手一个冰镇椰青，就会让你乐不思蜀。

下川岛有长达40千米左右的潮人径，可以按照自己的喜好选择休闲径、观海径、探险径或田园径。大多数人会选择王府洲沙滩边那条约1千米长的"情侣路"——椰林幽径，这是一条老少皆宜的休闲步道，一个小时即可走完。面朝大海，沿着椰林幽径往左行走，走到海滩尽头，就是赫赫有名的浴女乘龙。传说下川岛是玉皇大帝的三公主骑龙下凡的地方，因此人们在海中的礁石上安放了一座出浴美人雕像，礁石前端突起，形似龙角，每当潮涨、海浪泛起时再看，犹如仙子在翻腾的云海中乘龙而来。椰林幽径尽头处的山海之间，有条寂静的小径，可览王府洲沙滩的全貌。

在王府洲沙滩东端，沿着观音山探险径，翻越观音山，经过黄陂坑水库，到达略尾圩，徒步爱好者可以走完全长17千米，耗时约6个小时。海拔434米的观音山山顶平台中央，有巨石名为"观音坐莲"，石头面向大海，形似观音，周围环绕着10座莲花形的小石山。站在观音石上南眺，能欣赏到下川岛著名的"七星伴月"景观：川东大湾那月牙形银色海滩附近的海面上，浮着坪洲、木壳洲、观鱼洲、琵琶洲、笔架洲、山猪洲和扫杆洲七个小岛。

从略尾圩出发，沿着川中大道公路往东北方向行走，是约4千米长的田园径，沿途经塔边皇族村、海岛碉楼，可一直走到独湾的海边，需时约一两个小时。公路两旁是稻田和古村落，穿行在古树古村中，一边从"赵氏宗祠""昂甫赵公祠"里寻觅宋太祖赵匡胤后裔的八百年岁月痕迹，一边眺望川中一望无际的成片农田，或春日青葱，或秋季金黄，种种无不轻易让人忘记自己的身份和来处。

观海径途经竹湾、川东村、川东大湾、米岩、獭湾、牛塘湾、牛塘村、挂榜湾、观海台、南澳湾、王府洲旅游区、东湾，全程16千米，徒步需四五小时。多数人租吉普车、摩托车或乘电瓶车，只需不到三个小时。沿途颇有可观，以川东村为例，芭蕉林、千年石像，甚而路边的荷塘，无不装点着这个民国古村的优雅。

川东大湾是观海径的一大亮点。这是下川岛最大的海滩，全长1700米，尚未开发，旁边有大片绿草地，上有牛羊，悠闲地漫步觅草而食。在这里的海边看日出日落，绛紫的天空、绯红的海面、淡金的草尖、粉色的羊群，无边风景会绚丽了身边人的

下川岛适合度假，适合吃喝玩乐。可赶海，可亲子嬉戏，可沙滩戏水，还可看有名的浴女乘龙雕像。

面庞。

离川东大湾1.5千米处，有一块与坪洲岛相望的岩石，站在悬崖上俯瞰，像是海中的一粒米，因而被叫作米岩。米岩上的海边小亭可赏日出日落。距离米岩2.3千米步行距离的牛塘湾有约400米的海滩，晴日下碧波轻漾，旖旎慵懒。牛塘湾附近的景点仿佛都沾着点仙气，例如龙床、龙脉石、龙王庙和龙女洞等。家住牛塘古村的豆腐花档老板牛姐说，牛塘湾海上生活着大约200头白海豚，常跃出海面嬉戏。

经过挂榜湾之后，可以看到一座吹笛牧童骑牛的雕像，就到了牛口公园的观海台。南澳湾边上的碧蓝海中有一座绿岛，仿佛一头牛安卧海上，传说那是神仙在海中打了根桩才拴住的一头偷吃庄稼的神牛。

王府洲5千米外的东湾，是下川岛上看日落的最佳之地——沿一条狭窄的小路蜿蜒进入东湾村，一方小小的沙滩和一个旧旧的码头，海上几艘小船在红色晚霞中随波漂荡，透着的是下川岛的浪漫与自在。

潮人径全长约40千米，依据景观特色分为四段：

观海径：独湾港 ━━━ 大水塘湾
休闲径：大水塘湾 ━━━ 王府洲
探险径：王府洲 ━━━ 略尾圩
田园径：略尾圩 ━━━ 独湾港

观海径

独湾—大水塘湾，长约16千米，利用现状村道、海防公路，沿海岸蜿蜒而行，途经竹湾村、牛塘村等特色村落和大湾、獭湾、牛塘湾等滨海景观，可远眺美丽海岛，欣赏沙滩礁石及田园风光，适合开展郊游活动，可徒步或踩单车，徒步约需4小时。

休闲径

大水塘湾—王府洲林荫道，长约3千米，是一条重要的休闲滨海亲水走廊，充分利用滨海栈道，途经大水塘湾、南澳湾、王府洲等沙滩，沿途可听浪观海，亦可踏石戏沙，适合家庭游乐，可徒步或踩单车，徒步约需1小时。

探险径

王府洲旅游区—略尾圩，长约17千米，沿山路穿越下川最高山之一的观音山，途经登高石、白石岭、打鼓石、炮台、观音石、黄陵坑水库，既可体验原始森林的自然野趣，又可俯瞰浩瀚的大海及诸多美丽的岛屿，攀爬难度较高，适合登山、探险、科普等，徒步约需6小时。

田园径

略尾圩—独湾，长约4千米，沿着笔直的川中大道公路，可欣赏美丽的田园风光、原始村落等景观，可徒步或踩单车，徒步约需1小时。

王府洲海滩（上图）；牛塘湾海滩（下左图）；牛口公园海景（下右图）

【贴士】　　广东省汽车站（广州）、珠海拱北、阳江、台山汽车总站均有直达巴士到山咀码头。自驾到广东台山市山咀码头，码头有停车场，停车费30元一天。自驾汽车可以通过渡船上岛。

　　乘坐渡轮到下川岛独湾港码头，航程大约30分钟。上、下川岛每天均各有一班渡轮到对方岛屿。

　　下川岛上可租赁手动挡吉普车或摩托车，需出示本人汽车驾照或者摩托车驾照。

　　注意：下川岛部分区域严禁拍照、录像，禁止使用无人机。

珠海

珠海，有147个海岛的「百岛之市」，东临香港，西接澳门，多数海岛远离大陆，空气之清新，水质之清冽，很难只是用一个「好」字来形容。

珠海万山海洋开发试验区，将临近南海的桂山岛、外伶仃岛、担杆列岛、大小万山岛和东澳岛等145个岛屿纳入万山区管辖。

中国捕捞史上一网万斤鱼的纪录，就诞生在万山群岛这个最早的海洋大渔场。

见证了辉煌的海上贸易的东澳岛上，有三千多年的沙丘遗址、古要塞铳城、烽火台、摩崖石刻、古老的海关……

还有其他诸多优秀的小众旅游岛，如4平方千米大小的婉约秀美的外伶仃岛，海钓天堂庙湾岛，以及黄茅海上遗世独立的荷包岛等。

这些曾经是中国海防军事要地的海岛一步步逐渐转变为旅游热点，吸引着都市人群去岛上度假。

呼吸海的味道：**大万山岛**

　　大万山岛是万山群岛中面积最大的岛，因海水温度、深度和咸淡等条件均适合鱼类繁殖，不少香港、澳门和深圳、珠海等内地的钓鱼发烧友专程来这里海钓，大万山岛渐渐成为小众的海钓天堂。随着《舌尖上的中国》第二季的播出，这个南中国海的海上秘境被揭开了神秘的面纱。

大万山岛日落

葡萄牙人发现万山群岛的时候，因为岛上荒芜，只有海盗出没，便称其为海盗岛。现在，大万山岛上虽然只有一条街道，但派出所、卫生所、渔政、邮局、信用社、海洋站和发电厂等一应俱全。街道很短，十几分钟就能走到头，一侧临着万山湾，另一侧则分布着渔民的民居和几家餐馆小店。满街晾晒着摆得整整齐齐的鱼干、虾干和其他海产品，初登岛就能感受到扑面而来的浓郁的海鲜味。

以前，轮渡到达大万山岛时，当地最热闹的就是海钓渔具店了，钓友们集中在这里购买饵料、水和其他上岛的补给物资，店里会帮助安排船只，送钓友们上礁石矶钓。

大型拖网船返港后，一筐筐野生黄花鱼搬到岸上——这些传说中的"软黄金"大部分会被冷链运到香港、澳门等地，其他刚打捞上来的鱼虾则立刻被送到市场加工晾晒，做成鱼干、虾干。新鲜鱼虾在晾晒过程中释放肌苷酸盐，鱼肉和虾肉又富含谷氨酸盐，晾晒脱水后二者奇妙交会，产生浓厚的鲜味，是当地最值得买的特产。大万山岛的海鲜品种之丰富自不必说，石斑鱼、赤米虾、泥鳗、石九公、狗爪、将军帽、濑尿虾、海胆、海马、桂山沙蚬、庙湾龙虾等都在万山海鲜晾晒市场可以见到。

渔民的民居都向海而建，房间的景观不错，从阳台上就可以俯瞰万山湾。以前，旅游者如果订不到房间，还可以住在渔民家，便宜又方便，现在民宿渐渐出现。岛上除了部队车辆和公用车辆外，几乎没有汽车，但码头的海湾上密密麻麻地停满了快艇，几乎每户都拥有一两艘，和城市中的家庭代步车一样常见。

岛上有三个好去处，每一处都是摄影妙景：一是登大万顶看海上日落，二是环岛绿道徒步吹大洋风，三是到"亚洲第一湾"浮石湾观惊涛拍岸。沿着街道慢行，没多远就是本土天后宫，主间供奉着妈祖，另两间供奉着当地神仙，有位老人值守，卖些香火祭品。老庙经过了翻新，丝毫看不出是一座已有一百几十年历史的庙宇。天后宫的左边有一条上山路，山腰上有些渔民房屋，为了抵御台风，都用大块的石头修建而成，可以俯瞰万山湾和小镇。其中不少房屋的主人离开了

万山湾是群岛中最好的天然避风港（上图）；瞭望塔边上的巨石（中图）；出海渔获——野生黄花鱼（下图）

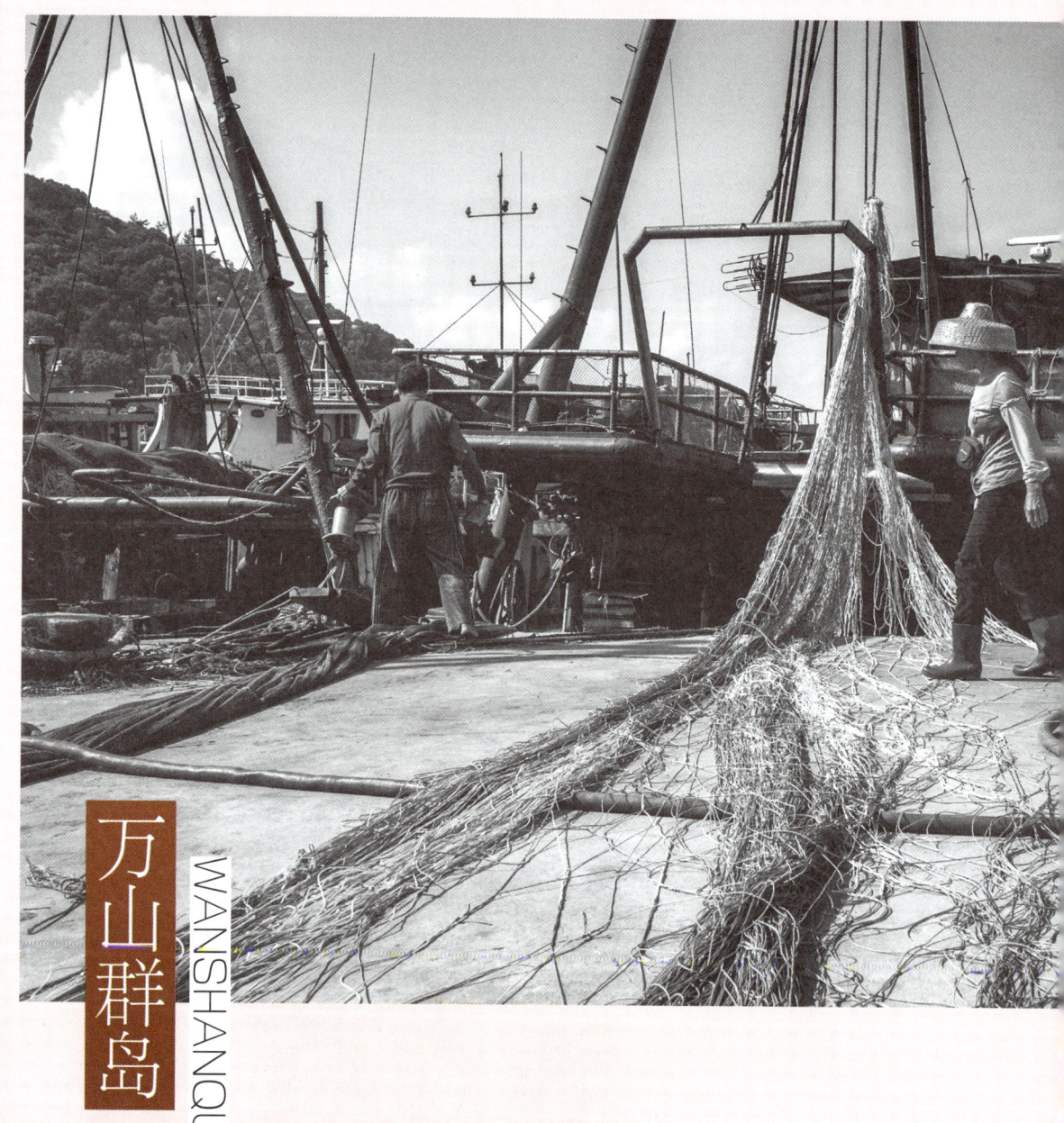

万山群岛

WANSHANQUNDAO

万山群岛的渔场曾是中国第七大渔场，创造过单网捕捞12000斤的纪录，而万山湾又是群岛中最好的天然避风港，高峰时有五六百艘渔船停靠在这里，两座水泥钢盘码头、送冰的大槽……自20世纪80年代起，海洋环境受到破坏，渔场如今壮景不再。

渔民在码头上晾晒、
整理渔网（左图）；
大万山岛的环岛公路
（右上图）；快艇码
头（右下图）

大万山岛，民宅逐渐荒废，现在又开发成了民宿。

沿着小道步行几分钟就走上了大路，转过弯，能看到一座大门。著名的浮石湾就在其下，海湾没有沙，都是石头，海浪冲击下，泛起白浪。几亿年的沧海变迁造就了浮石湾的地质奇观，滤镜拍出来的浮石湾雾气蒸腾且虚无缥缈，引得摄影师们纷纷慕名前来。半山腰有许多巨大岩石，形态各异。人们望"石"生义，分别命名它们为"天下第一交椅""乌龟生蛋""猴望角""了哥洞"等。山上有座建筑，既像碉堡又像瞭望塔，就是当地人所说的望洋台，景致颇为壮观，是看日出的好地方。

大万山岛的最高峰叫作大万顶，海拔443米，游客很少登顶，大多数游人都会半途下山看

岛上只有一条街道，沿着万山湾修建

日落。大万山岛是南海上的军事要塞，从前整个岛都不对外开放。山上还能见到很多废弃的掩体、碉堡、营房和防空洞，即使在山下环岛路上，偶尔也能见到被藤蔓覆盖、见证着过往岁月的碉堡。六点多时，夕阳西下，海面洒金，渔船返港，一片丰收胜景。待渐渐天黑，岛上的房间灯光映在海中，虚实难辨。这个时候，附近的钓友们都已回到岛上，并逐渐聚集在街巷的饭馆里，杯觥交错间，边畅快地品尝着海鲜，边天南海北聊着天。饭后，游客们沿着海边道路散散步，或坐在阳台上吹吹海风，看着夜里仍在往来的渔船——辛苦劳作后的悠闲更显来之不易。

大万山环岛绿道是岛上必去走走的地方。在这条长20多千米的环岛景观路上，可以享受到最纯净的海风和无边海景。万山绿道没有吃喝补给，夏天往返需要数小时，可以带上饮用水，租辆自行车去探索。从轮渡码头出发，右边有一条比想象中宽阔的道路，沿着海边走下去，可以欣赏环大万山岛的海岸景致，也可以垂钓。顺着环岛绿道前行没多远，右边有一条登山道，能到海

天后宫

边的小山顶。左侧海岸边上，巨大的礁石耸立着，越过岩石，有捕鱼的拖网船在茫茫海面游弋。在无人的海边散步，海浪的交响代替了城市的喧嚣，微咸的海风驱散了肺里的"尾气"。

在大万山岛边上，还有一片未被开发的处女地——小万山岛，快艇过去只需要几分钟。周末时光短暂，仅大万山岛都无法走遍，小万山岛可留待下一次。当周末的最后一批游客拎着大包小包的海味干货上了渡船，这个淳朴的小岛就像一颗散落在南中国海的明珠，散发着微光，安静下来，开始等候着下一波人潮。

【贴士】 深圳蛇口邮轮码头、珠海香洲港码头和横琴客运码头均有轮渡前往大万山岛，万山群岛的各个岛屿之间也有部分轮渡往返。周末和旺季的船票紧张，酒店也常常客满，需提前预订船票与酒店。

万山群岛中最好的沙滩：**东澳岛**

　　有的海岛可让人逃避都市的喧嚣，有的海岛适合徒步寻找自我，而东澳岛两者兼备。森林覆盖率达82%的东澳岛，拥有万山群岛中最好的海滩，还是电视节目《极限挑战》的拍摄地。带着孩子去南沙湾海滩亲子游，老少咸宜；徒步拍摄东澳岛的每一个角落，更是妙趣横生。

俯瞰钻石海滩和斧头
担山、蜜月阁

东澳岛有四条观光线：庙湾线、南村环岛线、东澳顶线和斧头担线。大多数人都会首选东澳岛经典徒步线路——庙湾线，一天就能游览岛上的古遗址和观海长廊，沿途经过东澳湾码头、听涛石廊、摩崖石刻、东澳关遗址、烽火台、铳城、将军石林、观海长廊、大竹湾沙滩、南沙湾沙滩，全程徒步约需三四个小时，且仅可步行，走到铳城原路返回则要两小时左右。

东澳湾码头是岛上最大的码头，就在东澳渔村，摩崖石刻也在码头边。走过一段听涛石廊，沿台阶往上，能看到巨大的岩刻"万海平波"，据说是清朝海盗张保仔手下师爷胡一雷所书。另一处岩刻为"武当胜景"。据说张保仔的18箱财宝就埋藏在附近。摩崖石刻的岩石背后有个石缝，仅容一人通过，可以体验一线天中寻宝的刺激。

走下石刻，沿着海边小道前行，便是"东澳关"遗址。这个1899年的海关遗址如今已被时间夷为平地，成了观景平台。走过庙湾，便是烽火台和铳城，长城似的烽火台只剩一小段，铳城也只剩四方城墙和大门。历经近300年风雨，古藤已与城墙融为一体，只余时间带来的荒芜。沿着台阶走上城墙，却是别有洞天：城墙上的平台可眺望桂山岛和香港大屿山，三座青铜大炮对着海面，左侧是将军石，仿佛统领着后山的巨石军队，又称"将军石林"。

继续前行是观海长廊，从东澳头到望山角这一段路，坡度不大，下面有大片的红色岩石。沿台阶下到海边的心形平台，还可以近距离观察海浪冲刷出的岩石肌理。沿观海长廊可一直走到大竹湾，一路涛声野趣相伴。

第二条线路是南村环岛线，其区域大抵在东澳湾码头对面的大王庙背后的南村。这条路线经东澳岛文化中心、大王庙、开心石、飞来石、电厂码头、前湾、叠石、南湾、马宗湾、东澳水库、文化中心，朝着南海方向徒步两小时，道路平坦，适合在凉快的季节里漫步，若是夏日，则酷暑难当。沿着海岸环行，远处可见大万山岛，一路海景，净化身心。乘观光车游览仅需要25分钟。

第三条线路是东澳顶线：南沙湾、求子泉路口、发射塔、求子泉、东澳顶、风车，俯瞰蓝海沙滩，适合拍照取景。徒步大约2小时，走到底之后需要原路返回。观海亭是移动发射塔的山顶，沿台阶短距离爬一段山，能走到发射塔的脚下。从这里俯瞰南沙湾钻石海滩，是一片碧海白沙，远眺斧头担山顶的蜜月阁，则意境高远。

东澳村三岔路口左边，有"求子泉"路牌，走进就能见到白玉观音像，其左侧有一缕细小的泉水涌出，这就是昂塘山求子泉——传说渔民捕获龙女后放生，龙女为报恩，赐其泉水，饮后隔年即产下一对龙凤胎。此后人们便纷纷来此饮泉求子。东澳顶上有几座可发电的风车，走近后轰鸣之声令人惊心动魄。继续往西北方向下坡走去，伸向大海的小路尽头能看见珠海、澳门的海上风车阵，蔚为壮观。此处是东澳岛景色最美的地方之一，但多数人都没有走到这里。

第四条线路是斧头担线：南沙湾客运码头、海滨栈道、钻石沙滩、大竹湾、小竹湾、姻缘树、观月亭、蜜月阁，全程约两小时。行走在南沙湾的海滨栈道上，可以下到黑石滩拍照，越过钻石沙滩，从观月亭登斧头担山到蜜月阁，有时能看见海市蜃

东澳岛 DONGAODAO

东澳岛可徒步（右上图），也有环岛观光车供游人饱览大竹湾（左上图）。沿徒步线路，可看到岩刻"万海平波"（左下图）、犹如一龙入水的岩石（左中图），以及铳城城墙上的古炮台（右下图）

　　东澳岛的住宿分为两个区域：东澳湾村民的民宿旅馆和南沙湾的酒店度假村。大排档、餐馆、小商店都在东澳湾码头和伶仃海岸渔港一带，出行吃喝均很便利。南沙湾只有两家酒店：佳兆业可域度假村和格力东澳岛大酒店，环境好，设施全，价格也略高。

楼。登上蜜月阁三楼，南沙湾和大小竹湾一览无遗，黄茅洲、大烈岛、小烈岛近在咫尺。蜜月阁虽年久失修，但炎夏身处亭中，凉风习习，疲乏与热气顿消。

来东澳岛，除了环岛观光游外，还可以选择海滩度假这种方式。东澳岛有万山群岛中最好的沙滩，还有具三千年历史的夏商古沙丘遗址，是"珠海十景"之一。南沙湾沙质细腻、海浪平缓、水质纯净，被称为"钻石沙滩"。

岛上看日出的最佳地点有几处：庙湾线的烽火台、铳城、将军石，或南村线的开心石、飞来石。如果想看日落，则最佳观景点为可域度假村里的月牙环、南沙湾码头、钻石沙滩、格力大酒店后山的蜜月阁、观海亭等。

位于珠江口的东澳岛，左邻深圳香港，右倚珠海、澳门，面朝南海。明清时期，东澳岛已经是南中国海最繁华的海岛之一，现在却是一个小众海上度假地。冬春两季是东澳岛的淡季，冬季平均气温14摄氏度，吃住便宜。若这个季节在东澳岛徒步径中步行，游人稀少，喧嚣远离，会有一种孤独的浪漫。

日落时的南沙湾客运码头（上图）；可域度假村里的月牙环平台观日落（下图）

【贴士】　　深圳蛇口邮轮码头、珠海香洲港码头和横琴码头均有轮渡去东澳岛，50～70分钟左右就能到达；1.2米以下孩子免票，要在码头凭户口本或者父母身份证领取免费的儿童票。东澳岛有两个码头，购票时请注意区分。

离香港最近的珠海小岛：桂山岛

　　轮渡离开深圳蛇口太子湾码头，掠过港珠澳大桥，向香港方向驶去，一路逃离都市钢筋水泥丛林。海浪飞过高速船的舷窗，在空中像钻石般晶亮闪耀。万山群岛万千风光，唯有香港大屿山附近的一座隶属于珠海的小岛，曾经是香港人的度假胜地，却不为内地玩家所了解，那里有蓝天、阳光、海风、小镇，是干净寂静的桂山岛。

　　沿着山腰的桂山栈道漫步，两侧都是大树和灌木，南国风情的绿叶低垂在栈道上，红毛草在夕阳下呈现玫瑰金色，灿灿地随风摇曳，摄人心神，不远处旌旗飘飘的妈祖庙让人舍弃了眼前的幻念。桂山岛妈祖庙毫不起眼，却是万山群岛地区现存规模最大、保存最完整的妈祖庙，已有两三百年历史，曾经香火鼎盛。1965年，当地渔民为了防止妈祖像被毁，将其偷偷运到香港索罟岛。后来岛上发生火灾事故，渔民认为不吉利，又将妈祖像请回桂山岛。

　　桂山岛最热闹的主街只有一条，与海滨长廊垂直，几步就能走到头，早市夜市都在这条街上，在岛上买了海鲜也可以在这附近的餐馆里加工。

　　过了马路就是海鲜市场，规模不大。买海鲜要趁早，去得太晚，渔民们就要收摊了。这里的白鲳鱼、虾、海草都新鲜便宜又好吃。饭后沿着海边溜达消食，夜里再去烧烤摊档要一支啤酒，烤上海鱼、墨鱼、虾、海带，油滴在火炭上嗞嗞作响，散发着夜晚热闹的香味。

清晨五点，去看日出。走到文天祥纪念公园，再过两个路口右转上环岛路，走到十三湾和十二湾间的观景台，大约2千米。从岛中心走到这里不算近，好在清晨的海岛不太热，空气清澈，道路宽敞，是完美的晨练线路。当然也可以从码头坐车到这里，但要提前预订。公路环山，海角浮云，在这里观日出，香港大屿山近在咫尺，平添电影中的漂泊感。

沿着公路继续往前走，是桂山岛水库。巨型的大坝拦住一潭清水，提供岛上居民生活所需的淡水。走在长长的大坝上，看日落，听鸟鸣，是少有的景致。这段公路下全是礁石，到九湾和八湾之间便截断了，七湾沙滩正在建设中，修好之后便可以环岛徒步。

从桂山岛镇中心往客运码头方向，可以去桂山灯塔、摩崖石刻和桂山舰纪念公园。这段路不长，比去水库要悠闲省力。沿着海边礁石修建的步行道蜿蜒曲折，一边欣赏摩崖石刻，一边听惊涛拍岸，不愧是桂山岛最美景观路。沿着一段上山路走，绕过山，走到一个泊着不少船的小海湾，能见到桂山舰纪念碑。左边上山一条小道，就是去桂山灯塔的路，下去则是海边大片的红色砂岩，景色尤为不同；沿着纪念碑后面的台阶继续前行，能走到妈祖庙的山下，再往前，就回到了桂山岛的主街上。

桂山岛原名"垃圾尾岛"，后为了纪念1950年解放万山群岛的"桂山号"舰艇的将士而改名为桂山岛。这是万山群岛中人口最多的岛，酒店、客栈和民宿有13家，虽然几乎没有建在海滩边，但房间大多望海。

桂山岛海边公路清净少人

桂山岛边上的无名小岛（上图）；环岛路远眺（下左图）；海鲜市场上售卖的渔获（下右图）

　　在万山群岛中，桂山岛也许算不上遗世独立，但它安静且悠闲。在这里随意走走，看日落日出，吃点海鲜，一个周末便能化解日常生活的烦琐。早晨步行在桂山岛清净的海边公路上，享受蓝天、阳光和海风；正午钻进有冷气的小店喝上杯冰镇饮料；下午去木棉书院的咖啡馆小憩看书，或坐在院落的木棉树下，看着大海和渔船发呆。桂山岛海滨长廊的日落、桂山舰纪念公园的夕阳都是一绝——红色晚霞中，絮状的云彩，朵朵低空掠过船上的桅杆，无不似乎触手可及。

【贴士】 深圳蛇口邮轮中心码头到桂山岛，平常每天只有一班轮渡往返，珠海香洲港每天有三班往返，船程约60分钟。

颇具地中海风格的岛上民宿

唯有逐浪为乐事：荷包岛

珠海之南，坐落在黄茅海上的荷包岛遗世独立。

珠海的海岸线上散落着大大小小140多个岛屿，其中荷包岛交通不甚便利，却贵在低调宁静。

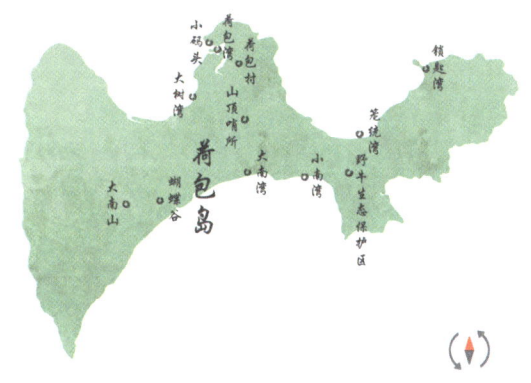

逐浪大南湾海滨泳场

露营的帐篷

荷包岛上的环境自然原始，海水清澈温柔，沙滩洁白细软，有着珠海众海岛中沙滩最多、最美、最长之称。因此，这个曾经的战时军事要塞，现在作为小众旅游度假地吸引着大批游人登岛，满足着人们对海岛的所有幻想。当然，想去露营度假，需要花费一番工夫好好准备。

岛上小码头边的荷包村，只有几户人家，保持着渔村古朴原貌。曾在荷包岛海军部队服役的曾叔对荷包岛非常熟悉，据他描述，荷包岛原本是一座荒岛，没有居民。20世纪70年代中期，高栏岛的渔民被安置去守卫荷包岛，男人跟大船出海捕鱼，妇女种菜和在水产公司工作。平日里岛上一片祥和，只有当渔船满载而归，渔村才热闹起来，众人团结协作，搬鱼虾、运冰块冷藏渔获、腌咸鱼、晒咸鱼……那时候渔获丰盛，5分钱一大盆的花蟹都没人收购。孩子们退潮时最爱去渔村前的海滩赶海，码头和渔村之间，偶尔还能看到一两条海豚跃出海面，孩子们称它们为"大白记"。

从小码头到大南湾景区，要走十几分钟的山路，大巴奔驰在蜿蜒于山脊丛林陡坡的单行道上，伴着一路刺激的惊呼与湾景，到达大南湾观景平台——飞猪台。那里有一座小小龙王庙，门前仅容一人祭拜，香火袅袅。日落时分，大小南湾尽收眼底，发烧友们纷纷背着相机和三脚架爬到飞猪台，拍大南湾海滩的晚霞洒金。

荷包岛景点不多且分散，一天难以走完，大部分游客只在大南湾海滩上度过，游泳、冲浪、玩沙——唯有逐浪是乐事。大南湾海滩泳场面朝南海，白浪翻滚，风大无人的清晨，能欣赏到半米高的层浪迭起。不论什么气温，总有人在海中戏浪，有摄

大南湾全景（左图）；从露营的帐篷里看海滩（中图）；大南湾海滩泳场（右图）

影发烧友在齐腰深的海水中拍摄，有孩子们带着救生圈在海中漂着，或拎着小桶捡贝壳。有些年轻人带了橡皮艇，靓丽的男女将它划出浅水滩，留下一串浪花般晶莹清澈的笑声。

夜幕降临，结伴而行的驴友和团建拓展的队伍开始欢腾起来，一边野餐，一边玩沙滩游戏，海滩上空的烟花点亮了宁静的夜空。孩子们随父母带上手电筒沿海滩寻找螃蟹，小沙蟹从小洞出来觅食，被不速之客惊扰，一只只用各种姿势跃入海中，或迅速缩回沙洞里，身后是孩子们开心追逐的笑声。

山后较难抵达的大树湾有"海萤夜光"的奇观。甲藻类浮游生物在海浪的拍打之下散发着幽幽的绿蓝色荧光，汇成一条极光一般的蓝色光带在海湾随波起伏，仿佛大海的呼吸一样。"海萤夜光"如昙花一现，山后的大树湾也难到达，却仍给荷包岛之夜带来了无尽的想象。

荷包岛登山徒步是军事迷们最不会错过的活动：大脑山、大南山、葬帝山、铁壁山、卫国山一字排开，这些战争年代的军事要塞上至今仍保

留着大量遗址，如山顶哨所、瞭望台、碉堡、防空洞等。从飞猪观景台可一直走到防空洞，然后沿着山脊行走，通过绿色长廊，最后从蝴蝶谷下山。这条线路行进难度较大，需至少大半天时间，只有做足防晒防蚊措施，携带足够的饮用水才能前行。

对于普通游人来说，蝴蝶谷、钨矿遗址、野牛生态保护区是更容易到达的景点。沿海岸向大南山方向步行1千米多的距离，快到废弃渔船的路边，有一块蝴蝶谷的铁牌，寻觅进入一条不起眼的沙子小径，尽头便是蝴蝶谷。谷中有开花的降真香树，又名蝴蝶树，浅浅的黄白色花朵引来了一百多个品种的蝴蝶，有国宝级的裳凤蝶和金裳凤蝶，还有巨大的褐顶粉蝶。有时还会在谷中遇到人脸骷髅头图案的蜘蛛"斑络新妇"，张开脚挂在道中的蜘蛛网上，差不多有手机那么长，虽然只有微毒，观之却让人顿生恐惧。

荷包岛并非传说中的海上伊甸园，岛上吃住单一，却胜在原始自然，即使无法走完28千米的荷包岛海岸线，只在这个纯净的岛上度过一个周末，也能感受到灵魂回归本真的畅快。

荷包岛

HEBAODAO

飞猪台观景平台（上左图）；岛上放养的野牛群（上右图）；蝴蝶谷里的巨大人脸蜘蛛"斑络新妇"（下图）

面积13平方千米的荷包岛是广东较大海岛之一，拥有大南湾、小南湾、大树湾、东挖湾、大湾、藏宝湾、笼统湾、锁匙湾等众多海湾，其中，4千米长的大南湾坐拥岛上最好的海滩，十里银滩皎洁细软，沙中所含石英质月下生辉。荷包岛的餐饮住宿也都集中在大南湾海滩边上，24区泛军事主题酒店、四有青年旅社、木屋、露营帐篷和岛上的餐厅、小卖部等，都在这里。

【贴士】

自驾：至珠海高栏港荷包岛客运码头停车场。

公共交通：从珠海市斗门客运站乘车前往南水镇汽车站，转乘710路到高栏港客运码头。

荷包岛直通车从珠海体育中心东门出发，经停华发新城和艺术学院。

购买一票通船票，含轮渡到荷包岛往返船票、荷包岛码头到大南湾往返车票、荷包岛门票。必须保存好收据，凭收据提前在岛上游客服务中心预订返程轮渡航班。

海水无情 注意安全

海水涨潮时的荷包岛海滩

海钓天堂：庙湾岛

  对钓友来说，庙湾岛是享负盛名的海钓天堂。有人说庙湾是中国的马尔代夫，以此形容它的纯净，无论如何，万山群岛中这座最靠近南海的人居小岛，的确是一个尚未开发的"梦幻之岛"。

在翰崖岛上俯瞰庙湾渔村全景

庙湾原本是两个小岛，即本岛翁崖岛和下风湾北侧的无名小岛，后渔民们修建了一条石堤，将两岛连接在一起。"庙湾"之名，来源于一个庙和一个沙滩。翁崖顶山崖下，曾建有天后庙、北帝庙——庙湾的"庙"字，正是源自这两座庙。现在此处仅存的是北帝庙的遗址，渔民们简单重修，如今庙宇的门头上还可以隐约看见遗留的石匾"北帝宫"。站在北帝庙内向外看去，一望无际的南海就在眼前，茫茫碧蓝中撒着几粒渔船。门口的香案上，还有新供奉的香和祭品，祈求风平浪静，保佑渔民平安归来。

翁崖顶下面有一片自然形成的半月形海湾，叫下风湾——这就是庙湾二字中的"湾"。下风湾上绵延0.5千米长的细腻雪白的沙滩据说是珊瑚沙质，是广东省内唯一的由珊瑚碎片形成的沙滩。下风湾适合露营，大多是户外俱乐部带来的驴友，上百人常常搭满了帐篷。海滩尽头的山坡上，渔民修建了两间简易淋浴房，可以用山上引来的泉水冲个凉，旺季人多，有些拥挤。

下风湾是游泳浮潜的好地方，早上水质清澈，能见度可达五六米；傍晚虽有泥沙卷起，水温却正舒服；正午站在岩石上看，海水碧绿无限，与马尔代

在海边看庙湾渔村

夫无异。庙湾岛夏季炎热，属于典型海洋性气候，除一、二月略冷，其他时间均可下水，每年的5～10月是潜水旺季。下风湾的沙滩两旁，有巨大的礁石，脚下是珊瑚和海鱼，可以浮潜观赏。往小渔村走，能在连接庙湾村和庙湾岛的小坝上看到北尖岛，深潜爱好者常在这里下潜。

站在庙湾岛的本岛上，远远可以看见连接着无名岛的渔村，像一条脑袋探出海面的鲸鱼。渔村只有十几户人家，大多数房子都比较简陋，岛上没有电，靠渔民自己发电，因此多数也没有安装空调。能给游客提供住宿的只有少数渔民的民居，大部分游人还是会选择在下风湾沙滩露营，别有趣味。

海钓发烧友会坐快艇到庙湾附近的无人岛上去夜钓，偶尔休闲时在码头或附近岩石垂钓。这处"宝地"最早也是这些香港、澳门的海钓爱好者发现的，照片被发到网上后，引起了户外旅行者和观光客的注意。

来庙湾，当然少不了吃海鲜。渔民们的日常做法很简单，却更能体现食材的新鲜原味。码头边有一家小餐馆，在海边支起简单的

半山小道（上图）；钓友钓上来的彩色海鱼。色彩鲜艳、模样古怪的海鱼往往有毒，抓鱼时最好使用抄网（下图）

棚子，坐在里面端着碗筷，像渔民一样用海景下饭，是难得的幸福滋味。夏天的海风吹散热气，美景秀色佐餐，鲜上加鲜。

夜幕将至，海滩上热闹起

庙湾岛

MIAOWANDAO

　　庙湾岛隶属于珠海市万山海洋开发实验区，位于万山群岛的佳蓬列岛中部，外伶仃岛的南面，面积约2平方千米。庙湾岛风蚀海貌独特，岛周礁群星罗棋布，是海洋生物繁殖的理想之所。这里不仅海洋资源丰富，而且位于大洋中间，山体和海面色彩丰富，被人们称为"梦幻之岛"。

来，驴友们玩桌游、听音乐、闲聊、发呆，各各自得其乐。不少人坐在海滩尽头的大岩石上，从红霞日落看到繁星升起。暮色中，海上的点点渔火，在深蓝的海面上逐渐变得醒目。夜深时，情侣们相拥仰望南海之滨的银河星宿，让永恒的星河见证相爱的瞬间。

下风湾海滩

大约五点起床就可以看到日出，最佳观赏点需要登上海拔214米的翁崖顶，旁边有一座移动的发射塔。庙湾岛上有两座山峰，翁崖顶是其中一座，山上几乎全是岩石，看起来虽然不高，上山路却相当危险，需要抱着岩石爬上去。如果没有头灯，恐怕连路都找不到。第一缕阳光越过山顶，溢出庙湾的边缘，仿佛给海岛镶上了一道金边。阳光洒在路旁的野花上，花瓣、叶片上布满的露水被照耀得晶莹透亮。阳光照在裸露的岩石山体上，鬼斧天工的造型表面布满花纹，露出矿物质和结晶体，被折射出各色晕彩。阳光落在巨石悬崖下，海浪日逐一日地击打着岩石，泛起阵阵的银白浪花。

庙湾的另一座山峰叫作林山，海拔156米，山腰处有少量灌木丛和树木。林山也是看日出的好地方，相对容易上去。

夏季的上午，下风湾的气温升得很快，没有遮阳物的情况下，很难坚持站在骄阳下。但若是能顶住炙热，就会发现此时的下风湾是最剔透的时候，海水格外清澈透明。正午的海滩气温达30多摄氏度，多数游客会在此时陆续撤离庙湾岛，拥挤热闹的海滩登时空旷起来，白沙滩又回归了它静谧纯净的本色。碧波白沙，澄澈清净——此番景色，才是很多人没见过的那个庙湾。

【贴士】

庙湾岛目前尚无轮渡直达，可从深圳蛇口邮轮码头、珠海香洲码头坐轮渡到大万山岛、外伶仃岛或者东澳岛，然后租船到庙湾，船程约1小时；从珠海香洲码头租船到庙湾，大约2小时。租船需注意海上风险。

万山群岛中的遗世之所：**外伶仃岛**

在香港岛外海地图上，有一个小点，小到许多人都不知道它的存在，但只要念诵起文天祥"惶恐滩头说惶恐，零丁洋里叹零丁。人生自古谁无死？留取丹心照汗青"，则无不恍然大悟——它就是外伶仃岛。

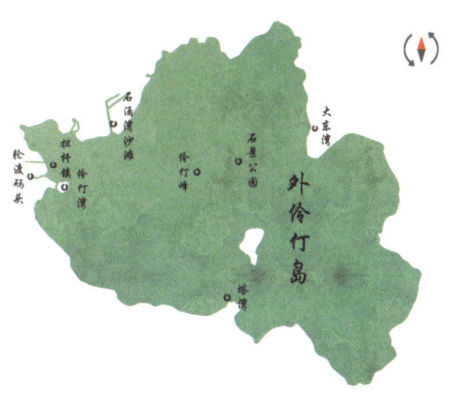

外伶仃岛玉带环腰的小道

相比万山群岛其他岛屿的河海壮阔，外伶仃岛显得更婉约秀美些，这个4平方千米的小岛，小而纯净，宜情侣路漫步，宜石景公园登高望远，宜休闲海钓。

客运码头的左右，各有一条环岛海滨步道，叫作"玉带环腰"，游人更喜欢叫它"情侣路"。从码头上岸后，沿灯塔左边的情侣路可以一直走到海滨浴场。这里水清石奇，有摩崖石刻、钓鱼台、玉带环腰、海螺奇石、金石公园等，还能看到碉堡。巨大的岩石被时间打磨得浑圆，遇到风高浪急，海水会激起一米多高的白色浪花。不少岩石造型奇特，其中一处，形如巨人的大手，游人可以在"掌心"拍照，十分有趣。

最受欢迎的地方是海滨浴场。石涌湾沙滩上总是人声鼎沸：孩子们忙着挖沙坑，追逐小鱼小蟹；年轻人即使在冬天，也乐意赤脚在沙滩上戏浪，青春飞扬。坐在双子亭中，面朝大洋，海风拂面，心旷神怡。沿着岩石台阶走下去，穿过被海浪溅湿的石桥，走到最临海的礁石，能看见一对对情侣坐在旧铁船栓上倾听涛声。

轮渡码头上岸直行便是担杆镇，走到大街再往右行，就是伶仃湾广场。一只小狗懒洋洋坐在广场上，一个孩子趴在渔民塑像上玩耍，时光仿佛凝固。一座拱桥飞跃小小的伶仃湾，偶有白鹭展翅穿过，透过拱桥看海上日落，便是"拱桥渡水"。过拱桥前行是"金石奇观"，不少孩子在沙滩的石缝里找小螃蟹，父母坐在巨大的礁石上，静候日落时分太阳从渔船的桅杆上慢慢没入海中。沿着上山的石阶走上相思岭，凭栏观海，看傍晚海上渔船摇曳，有渔民坐在甲板上，煮两个海鲜，喝点小酒，悠闲似神仙。

想登高望远或看日出，可以去伶仃峰。登山难度并不太大，但一定要起个大早。半山腰的路边，便是拍摄担杆镇全景的最佳取景地，很多摄影爱好者为此不惜背着沉重的摄影器材爬山。拍完小镇日出，沿九十九级台阶拾级而上，抬头便是金色的北帝神像。神像右侧有一口钟，钟声响起时，整个小岛都能听到，这就是"北帝晨钟"。

山上一处分岔路口，往左边走是环岛的山路，有时间可走到大担、塔湾，或在途中欣赏海面的"万山棋局"。往山顶方向，行到外伶仃岛石景公园下望，如果遇到大雾弥漫，岸边奇石若隐若现，巨鲸石、海豹石、鹰隼石漂浮海面，你一定就会明白"雾海仙槎"的由来。

去外伶仃岛的渡船上，有不少背着钓竿、钓箱的海钓客，专业的垂钓服、健康的身躯、黝黑中透着快活自在的脸庞。租条快艇，去附近的无人岛或礁石上垂钓一夜，体验矶钓的刺激。返回岛上，让大排档加工钓获的野生海鱼，配上一瓶冰镇啤酒，是海钓后的另一番享受。

传说外伶仃岛的海鲜中有三宝：海胆、将军帽、狗爪螺。狗爪螺是长在岩石缝里的贝类，外披一层坚硬的壳，形如鬼爪，国外有人称它们是"来自地狱的海鲜"，样子难看，吃起来麻烦。将军帽则是像小鲍鱼的贝类，渔民叫它假鲍鱼，口感很有嚼劲，好吃不便宜。海胆是高营养海鲜，不算贵，来一盘海胆炒饭，

码头边的灯塔（上图）；俯瞰外伶仃岛担杆镇，正是"万山棋局"美景（下图）

外伶仃岛

WAILINGDINGDAO

岛上有蔚蓝美域客栈、伊品居酒店公寓、幸福岛屿客栈等不错的民宿，有相思岭海景别墅酒店、阳城酒店、海馨酒店、伶仃洋1号别墅等中高档酒店，还有静云酒店、珠海外伶仃海馨·悠活酒店等高端酒店。不管哪家酒店，什么季节，海景房总是最受欢迎的，想住高性价比的酒店，最好能避开节假日和寒暑假的高峰上岛。

日落外伶仃岛

或者早餐时要一份海胆肠粉，自带鲜美味道。当地一家很有人气的早餐店的老板说，最受游客欢迎的还是海鲜粥，将虾蟹、贝类与大米一起熬煮，滋味最为鲜美。还有高人气的面包蟹，这种海鲜拍照好看，倒没什么可吃的。

外伶仃岛的海鲜店和大排档集中在一条街上，弥漫着浓浓的海鲜味道与南国风情。游客可以去街尾的海鲜市场买海鲜，然后到餐馆和大排档里加工，只需付一定的加工费即可。岛上海鲜不一定很便宜，但品种不少，还很鲜活，市场外面还有公平秤。在海鲜市场和大排档之间，有个外伶仃市场，都是卖水果和零食的小店，有猪油糖、香米糕、榴莲糖、米花糖等。外伶仃岛值得带回家的手信当然是海鲜干货。鱼干、虾干、贝干、紫菜等，还有海草膏、即食紫菜，价格便宜；也可以买几个小小贝壳，回家放在书桌上作为一种回忆。

坐在客栈阳台的木椅上，喝着咖啡，看着海景，任海风自行翻书，是度假的最大享受。

外伶仃岛上阴天晴日韵味各自不同，去过的人往往念念不忘。在岛上听到几位带北方口音的长者聊天，都说很想在岛上住上一周。的确，在这个寂静小岛上，度过一个周末，如白驹过隙。

渔民晾晒的海鲜（上左图）；伶仃湾广场上的渔民雕塑（上右图）；岛上的美食三宝之一"狗爪螺"（下左图）；小摊上售卖的贝壳纪念品（下右图）

岩石造型犹如一只巨人的手（上图）；海边礁石上的游人（下图）

【贴士】 深圳太子湾邮轮中心码头、珠海香洲港均有轮渡直达外伶仃岛，深圳每天有2班往返，珠海有6班往返；节假日或旺季时，船票、酒店住房紧张，请提前购买往返船票和订房。

香港

香港拥有262个离岛，其海岛数量位居大湾区城市第二位。

不少海岛有常年固定的上岛街渡，甚至可以当天往返。

船票不贵，且上岛的吃住行花费都较为便宜，是大湾区最具性价比的旅游型城市海岛。

被誉为「香港威尼斯」的大澳渔村，有吃又有玩的长洲岛，被视为户外徒步天堂的南丫岛，香港「南极」蒲台岛，维多利亚风情的赤柱海滨，日落胜地下白泥，纯净的黄茅洲、桥咀洲、塔门岛、三星湾……数不胜数的小岛，

不仅是香港市民钟爱的度假区，也是深受其他地区游客喜爱的户外出行地。

这些大大小小的离岛，旅游与人文资源都被发掘到极致，但自然生态仍保持得近乎完美，

因此，在环境保护与旅游开发的平衡方面，香港称得上是大湾区的标杆。

坐在美利楼的餐桌前，就能看到赤柱海景

香港南端的海滨风情小镇：**赤柱**

　　赤柱位于浅水湾以东、石澳以西，自古便是香港居民的主要聚居地之一。赤柱的英文名Stanley来自当时的英国首相史丹利勋爵（Lord Stanley）的名字，但其中文名称的来历则有两个说法，一个是据说赤柱以前有很多木棉树，鲜红色的花朵盛开时，在日出的阳光照耀下看起来像赤红色柱子，因此名为"赤柱"；另一个说法则指因为昔日海盗猖狂，赤柱不但常遭劫掠亦有海盗筑巢而居，人称该地有"贼常住"，"贼住"后来即转为带客家口音的广州话——"赤柱"。

赤柱是香港最具风情的地方。香港市民去赤柱，喜欢逛赤柱集市，去庙里烧香；在港外国人去赤柱，爱在海边喝咖啡赏海景，消磨时光；内地游客去赤柱，是为了看滨海小镇，享受港式美食，感受香港融合中西文化的繁华。

去赤柱要经过香港名胜浅水湾，在深水湾站下车，沿海滨步道丽海堤岸路走到浅水湾沙滩，再在浅水湾巴士站坐车去赤柱。沿途观赏熨波洲上的游艇与帆船，遥望海对岸的海洋公园，以及香港影片里津津乐道的浅水湾豪宅。如果想避开浅水湾的旅行团人潮，可直达赤柱广场下车。

赤柱广场是个五层楼的休闲购物中心，楼顶露天咖啡座可以俯

瞰赤柱湾畔、赤柱卜公码头和美利楼；搭乘扶手电梯下到赤柱广场的最下一层地面，可以到赤柱海边。广场中间两棵古树，树下有人看书、休息，悠然自得。

赤柱广场边有座美利楼（Murray House），原为香港一级古迹，原建于中环，2000年迁至赤柱广场。维多利亚风格的走廊，西式的餐厅，时至今日依然散发着旧式贵族的气息。用餐看海是赤柱之行的浪漫事，德式餐厅King Ludwig Beerhall依然保留着德国传统风味，坐拥醉人海景，深得香港人的钟爱；美利楼下午茶也最划算，阳台位置向来座无虚席。

美利楼海边是赤柱的地标卜公码头，这个原本位于中环毕打街尽头的码头于1965年被拆后重置于赤柱。影片《无间道》即取景于此。卜公码头的古董钢制顶篷产自英国，是香港第一个低碳钢铁构件的建筑，拆除老码头时，这些钢制顶篷被逐件编号，清除铁锈后运到赤柱原样安装，重现昔日辉煌。赤柱卜公码头直伸向海中，可供凭栏远眺，至今还有前往蒲台岛的街渡，也可在此搭乘仿古船"张保仔"

赤柱海边的划艇者

137

游客坐在赤柱广场的大榕树下休息（左图）；美利楼（右图）

去往中环码头。

从卜公码头返回，继续沿着步行道往马坑公园上行，有一个看似不起眼的海边古井。古井上有一副对联"千年古井今犹在，万年树木也成荫"。再往上，就是北帝古庙。庙前的空地很小，门前便是大海，视野开阔。此庙据称是清朝渔民所建造，曾是海盗张保仔的观察据点，传说神龛的下方有一条直通张保仔洞的密道。绕过北帝古庙继续上山，山顶有观景平台，可以俯瞰整个赤柱的海湾与帆船点点。

赤柱的天后庙很大——在美利楼右边沿着一排"同昌大押"的石柱前行，赤柱广场边建于清乾隆年间的两进式四合院就是了。这座天后庙至今保留着古老的铜钟，是赤柱最大的庙宇。赤柱海滨长廊另一端的岩石上方，还有一个水仙庙，庙宇虽小，却是全香港唯一的水仙庙，庙里供奉着水神，也有人说是河伯。这座庙的历史比天后宫更古老。站在水仙庙下巨大的红色岩石上，隔着赤柱湾，可与对面的北帝庙遥遥相望。

赤柱的人文气息浓厚，除

了庙宇外，还保存有不少历史建筑，例如香港面积最大的中学——创校于1903年的圣士提反书院的多座校舍。此外还有邓丽君香港故居、赤柱监狱、赤柱英军坟场等，都有好奇的游人一一寻访。

人声鼎沸是海滨长廊的常态，这里的建筑颇有异国风情，面包店和小餐馆都各具特色。外国客人喜欢在露天咖啡座喝杯咖啡，吃点东西，晒晒太阳，间或有一些香港情侣专程来此拍婚纱照。赤柱大街的街头有很多小摊，长长的气球在小贩手里几下子就变成各式小动物，深得孩子们的欢心；年轻人在街头吹着自制的特大号口琴，合奏听起来

卜公码头

BUGONGMATOU

卜公码头（Blake Pier）的前身为中环的毕打码头，后于1900年改建，并由香港第十二任总督卜力主持开幕仪式，故更名。1909年加装钢制顶篷。中环卜公码头过去多用以接待嘉宾，是访港重要人士的登船之处。在1925年皇后码头启用前，它曾先后接待了来访的清王朝醇亲王、孙中山，英国的亚打王子、爱德华王子，香港总督弥敦、卢押、梅利等历史名流。

卜公码头不仅是电影《无间道》的取景地，孙中山等不少历史名流都曾在此登陆赤柱

卜公码头的古董钢制顶篷产自英国，是香港第一个炭钢铁结构件的建筑（上图）；赤柱天后庙（下图）

仿佛一支大型乐队在表演，水平非凡。赤柱大街的最顶端则是赤柱海滨小食亭，遍布小餐馆和酒吧，家家户户的门口都坐满了游客，尤以外国人居多，招牌与餐牌也多是英文，徜徉在这里，仿佛身处国外海滨小镇。

赤柱的市集也是不容错过的。各式小铺摊位，中国手工艺品、古董、箱包、服饰、油画、腕表和首饰等，像是英国的周末集市。大部分由赤柱原居民经营，价格不贵，游客来集市慢慢淘货，有种寻宝的感觉。集市的小街道有空调，即使外面酷热，也有心情在这里慢慢闲逛，淘些宝贝。

从赤柱集市的另一头出口继续向前走，就是赤柱后滩，是海滨戏水的好去处。赤柱游玩的最后一站通常是海上游——不必坐车原路返回，在卜公码头搭乘"张保仔"仿古船，一个半小时的航程即可返回中环码头。如果傍晚坐船出发，就可以尽享维多利亚港的璀璨之夜了。

【贴士】 可从港铁香港站D出口步行至中环交易广场巴士总站，搭乘6、6A、6X、66、260线巴士到赤柱广场站；或从港铁铜锣湾站B出口步行往登龙街，搭乘40号绿色小巴到赤柱；或在新港中心外搭乘973号巴士到赤柱。
前往赤柱的巴士几乎都会经过浅水湾，故也可以在浅水湾上下车。

香港最后的水上人家：**大澳**

　　九龙城寨被完全拆除后，香港的过去的旧痕迹仿佛也随之被抹去，这个繁华都市的另一个世界悄悄消失了。如今，若想寻找旧香港的人间烟火，只有去大澳。

大澳渔村一隅

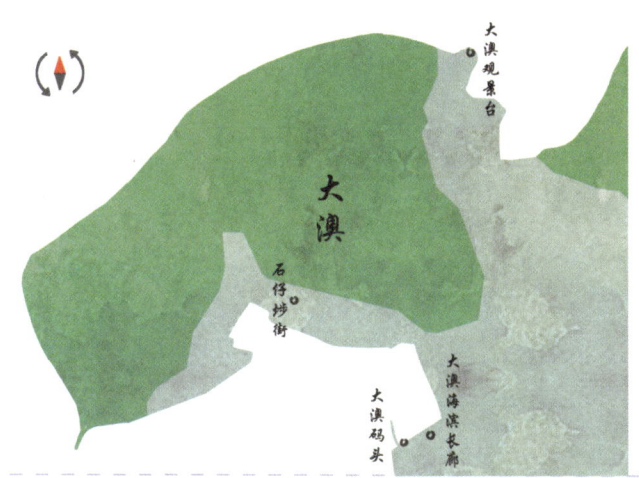

　　进入大澳，水上棚屋的规模让人惊叹。鳞次栉比的棚屋建在河涌两边，两三米高的木柱直插水中，上铺一层木板，承载棚户的人生。棚头有木梯通向水面，方便棚户取水、洗衣、乘船。棚尾朝向陆地，可晒鱼，可晾海带。棚屋之间由水上木板相互连接，形成了交错的水上人家。有人称大澳为"香港威尼斯"，实际上，比起威尼斯的格调，大澳更多的是破旧，非亲眼见，实在令人难以想象在纸醉金迷的香港的一隅，还保留着渔村的根。

　　从照片上看，作为大澳的标志，水上棚屋总是带着些反乌托邦的前卫感，只有亲自闻过这里的海风的味道——潮湿木柱的腐烂的味道、破旧铁皮屋的锈迹的味道、混杂着鱼腥的贫穷的味道——才算是见过大澳。大澳就是水上的九龙城寨。漫步在小木桥上，好像穿越时空，回到以前的香港。沿着逼仄的木板路，经过摇摇欲坠的棚屋，一不小心就走进了棚户家。狭小的范围里，无所谓起居室、厨房、公共区域，棚户们的生活完全没有隐私距离可言。不过，棚屋边种满了花，居民家的阳台上安放着一只很大的渔船模型……这些细节却也处处透露出棚户们过得比游客想象的悠闲洁净。

大澳岛与大屿山被一条河涌分开，要进入永安街，须先经过横水桥，这里常常游人如织。当年桥下有横水渡，大澳居民出入都有赖于绳索拉动的舢板。横水渡老渡口现在已经成为旅游观光船的小码头，观光小艇整齐地排在水上，鲜亮的篷子上是各种广告，成为大澳的新景观。新基桥也是个拍摄的好地方，许多大澳的经典画面都是出于此。大澳的街道质朴却又诮媚——杂货店的白色铁门上，繁体书法写着竖版的古诗词，而工艺品店门前则挂满了贝壳珊瑚，戴着帽子的河豚气鼓鼓的，百般讨游客和镜头的欢心。

大澳有种挥之不去的怀旧色彩，除了水上棚屋，还有许多古庙遗址。大澳渔村中心广场上，关帝庙和天后庙左右相邻。关帝庙建于明弘治年间，是香港二级历史建筑。每年端午节，大澳人都会到关帝古庙、天后古庙和杨侯古庙去请出神像，焚烧过金银纸衣后，载有神像的龙舟会沿河涌巡游，沿岸棚屋居民无不焚香祈求平安。杨侯古

庙、洪圣古庙、龙岩寺、华光古庙、佛教筏可纪念中学、天主堂的永助学校、大澳公立学校等旧址，也是游人钟爱的打卡点。

大澳的石仔埗街，有极具本地特色的虾酱厂，至今还在生产，李锦记旧址也在此。石仔埗码头边的小山上，有一幢欧式白色建筑，即大澳旧警署。这是1902年建成的两层小洋楼，当时共有15名警员驻守，警署内只有一间捕房、两间囚室和警员宿舍等，现在这里已成了星级高端酒店——大澳文物酒店。一个警署房间就是一间客房，想在周末或节假日入住，需要提前很久预订。这并非纯粹的生意，而是香港古建筑物的保育计划的一部分，赚的钱即用于建筑物自身的保护。

大澳狭小的街道上遍布着海产干货店和茶餐厅。店主每天很早开门摆摊，十几块一瓶的虾酱、几百块一条的海鱼干、几万块一斤的花胶……应有尽有。大澳传统的咸鱼、虾酱、咸蛋黄、花胶和鱼翅远近闻名，都是带有浓浓港味的食材。行走在大澳街头，只见家家户户门口都用筲

旅游业振兴了大澳，但本地年轻人大多去了香港市区，留下空巢与老人。张艾嘉的电影《三个夏天》里的"半尺"妹妹，一心想离开大澳这个偏僻渔村去繁华世界闯荡，却又对渔村宁静生活依依不舍，大概很能代表一种普遍的心态。

大澳渔村的棚屋

象山一侧的大澳渔村

笾晒着一个个像熟透红柿子的东西，那就是大澳特产咸蛋黄——咸蛋黄炒饭、咸蛋黄蒸菜都少不了的材料。渔民郭华喜和妻子萍姨曾经在电视上介绍过他们做咸蛋黄的经验：敲碎蛋壳，把生蛋倒在手上，左右手互倒，让蛋清流走，捻掉脐带，蛋黄撒上盐在太阳下晒两三天。

石仔埗街上的茶果很受欢迎，是过去祭祀时常用的物品。茶果一般用糯米粉或者粘米粉制作，以豆沙、马蹄、萝卜和肉做馅，是港澳和珠三角一带常见的小吃。夏天在大澳小摊边，来一瓶用猪笼草、车前草、紫贝、天葵自制的凉茶，尝尝鸡屎藤、茶果、香妃卷、姜汁撞奶、山水豆花、油炸小鱼虾、班兰香草鸡蛋仔，无一不具有浓浓的大澳港式风味。中午去茶餐厅，虾酱通菜、咸鱼鸡粒饭、虾酱蒸鱼腩、香煎墨鱼饼，配上可口的靓汤，就是一顿令人心满意足的午餐。下午沿着河涌找一家临河的咖啡馆阳台坐下，持一杯咖啡，闲看河涌快艇上呼啸而过的游客，并成为他们相机中的景色。

夕阳下、河涌上，一位渔民撒网捕捞，一线阳光慢慢射过来，照在渔船和渔民身上，背景是朦胧的水上渔村，光线宛如电影场景般迷人。香港最后的渔村自带一种沧桑感，保留着现代人对过去的想象。

傍晚时分，海鸟栖息在水面石桩上，河涌上游船渐少、人群渐稀、声音渐歇。有渔船在海上画出道道金色的波纹，从棚户荡漾开去。

【贴士】 深圳到大澳往返需六小时左右。从深圳福田口岸过关坐港铁至东涌站，在东涌公交站转乘香港屿巴11号巴士直达大澳；高铁可直达西九龙高铁站，然后走到柯士甸地铁站，搭乘地铁到东涌，转屿巴11号巴士到大澳；也可以从中环6号渡轮码头乘渡轮往大屿山梅窝，转屿巴1号巴士到大澳。

大澳横水渡的小码头，可坐观光小艇游大澳河涌，或去海上看中华白海豚。

你没去过的香港离岛：东龙洲岛

　　香港南堂海峡有一座南堂岛，岛上岩石有很多的海蚀洞，当地人叫作"通窿"，谐音"东龙"，因此南堂岛又名东龙洲岛。

佛堂门码头
东堂码头
东龙洲营地
东龙洲炮台
东龙洲古石刻
东龙洲
南堂顶
鹿颈湾
南堂尾

东龙洲岛南堂码头边的洪圣古庙

下山往南塘尾半岛的小道（上图）；岛上营地（中图）；佛堂门海峡边的灯塔（下图）

东龙洲岛有3000多年前的石刻，康熙年间岛上就已修建了炮台，后一度成为英军的军事基地。岛上没几户人家，也没有旅店，只能露营，但仍不乏游人。

不到半个小时的航程，轮渡即可到达东龙洲南堂码头，栈桥左边有一座小庙，传说是北宋时遭遇台风的林姓渔民漂浮到岛上得救，后为谢恩而建了这座洪圣古庙。后人又在对岸西贡清水湾兴建了佛堂门天后庙，成为香港历史最悠久的妈祖庙。庙前的海面一片碧绿，两艘小船泊在海上，像搁在绿色的玻璃之上。

上岛后，左右各有一条徒步线路。往左走是一条休闲徒步线路，途经南堂码头、鸡胸石、佛堂门码头、沙滩、东龙洲营地、佛堂门灯塔、东龙洲炮台、潜龙吐珠等地。往右行，则是难度较大的环岛徒步，从南堂码头、东龙洲石刻、鹿颈湾、南堂尾、南堂顶、东龙洲炮台到营地，最后才从左边返回到南堂码头，约八九千米，需四五个小时。

登岛时，可在码头附近的士多店吃点小吃稍做补给，体验海岛的味道。往右进入东龙洲环岛步径，坡度不陡但较吃力，两边只有低矮的灌木丛，炎夏之时，就只能曝晒于日光下了。好在每当看着山路遥遥令人心生绝望之时，总有一处美景让人心旷神怡。走到高处，沿着石刻指示牌走到圆形观景台，眺望海对面的鲤鱼门及白云下的香港岛繁华都市，看碧蓝的大海上有大型邮轮在游弋，一切有如梦幻一般。

下坡路极为陡峭，但两边修建有扶手，小心翼翼下到海边，突然左转，就能见到被铁架玻璃围起来的东龙洲石刻。石刻有一人多高，是香港面积最大的。由于长期受海浪侵蚀，上面的复杂龙形图案如今已不甚清晰。

从石刻处返回山坡上，沿着水泥小道一路向上，继续往南堂尾方向前行，四周绿绿葱葱，大约半小时后就走到山顶，右手海边是小小的鹿颈湾。如果要到南堂尾半岛，可沿台阶往山下行。沿途看海风拂动白云，就像漂浮海上的蓬莱仙岛被卷到了空中。原路返回山顶，是曾经的民航南堂尾导航站，有一处发射塔和一个直升机停机坪。导航站左边铁丝网外，有一条下山的小路，是蜿蜒于灌木丛中的陡坡，行走其中，闷热难言。但下山前的景色却最好：俯瞰东龙洲北部全景，左边隔海相望的是香港的第二尖峰钓鱼翁，右边则是无垠的太平洋。沿途常能见到情侣们打着伞，坐在山坡观景。

东龙洲有四处攀岩的岩壁：Technical Wall、Sea Gully、

佛堂门码头边有岛上唯一的沙滩

东龙洲岛
DONGLONGZHOUDAO

东龙洲岛码头的栈桥，游客下船登岛

　　东龙洲岛的知名度并不高，却是香港攀岩发烧友最喜欢去的离岛（多条专业攀岩路线，不少攀岩社团都来此活动），也是海钓发烧友的最佳选择之一。对于一般游客而言，上风景秀丽的东龙洲岛的目的更多是为了环岛徒步，也有去露营、速降和海钓的，不少香港居民还带着孩子出行，算得上是个老少皆宜的周末休闲地。

Big Wall、Kite Rock，离营地最近的是Technical Wall，也最受攀岩爱好者欢迎。但要注意，东龙洲的岩壁因为经常被海浪打湿，故应尽量避免早晚攀岩。悬崖之间还有不少人玩速降和飞索，悬崖之下同样美景无限，也是海钓的好去处。

为了防御海盗，清康熙年间在岛东北侧建了东龙洲炮台，共八门大炮和十五间营房，周围是一圈几厘米至一米高的低矮土围墙。炮台附近还有一处喷水岩——潜龙吐珠，每当浪潮冲击岩壁，会飞溅起几米高的浪花，光线合适的时候，还能从水雾中看到彩虹，是喜欢探险的人不可错过的美景。

返回到营地可稍事休整。东龙洲营地可以容纳十几顶帐篷，设施和资源很全，有烧烤炉灶、免费提供的淡水、冷水冲凉房和移动旱厕。岛上除了两处士多店的厕所之外，也只有这里才有公共厕所。营地边有两家士多店，是看似破旧的温馨小棚屋。在这里吃上一碗岛上有名的饺面、鱼蛋粉，浏览墙上驴友们在各个年代留下的老照片，离岛的时光仿佛停滞了下来。

士多店到佛堂门码头之间有处小沙滩，沙滩小而多石，水质清净，下海沐浴，洗去徒步的汗味。从士多店后门出去，佛堂门海峡边的悬崖上耸立着一座白色灯塔，已有百年历史。攀爬下岩石，海边有一条水泥小路可以通到灯塔，以蔚蓝的大海为背景，时而有白色游艇驶过峡湾，与矗立着的白色灯塔遥相辉映，成为海峡上一道纯净的风景，常有香港摄影爱好者专程来此拍写真。

步行二十多分钟就能到南堂码头，搭上五点钟最后一班轮渡。夕阳下，小小的东龙洲渐行渐远，当香港压顶的高楼大厦裹挟着繁华之中密集的烦恼步步逼近，身后美丽质朴的离岛，仿佛能给人面对一切的勇气。

【贴士】 只有在周六、周日和香港公众假期，才有渡船至东龙洲。
港铁油塘站（A2出口）步行到三家村公众码头，有轮渡到东龙洲南堂码头；港铁西湾河站，步行至西河湾箕湾避风塘码头10号梯台，也有渡船到东龙洲。返程请注意确认是南堂码头还是佛堂码头上船，以及返程最后一个航班的时间。

没有公园的海岸公园：东平洲岛

大鹏湾里有一座潜艇形状的小岛，近在眼前，却不能从深圳过去，因为它虽然离香港十分遥远，却是香港的离岛。它就是东平洲岛，香港船湾郊野公园的一部分，也是香港的海岸公园。在香港和珠三角地区摄影发烧友眼中，东平洲是个小众而热门的摄影地。

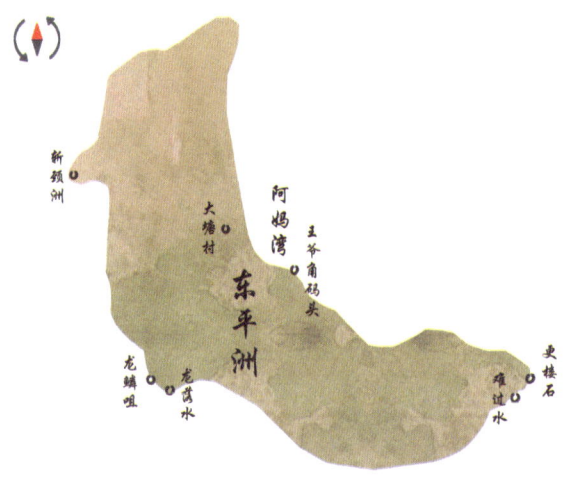

东平洲岛在香港的最东面，只需一个半小时的航程，渡轮就靠近了东平洲王爷角码头。栈桥上返程的游人已经排起长长的队伍，一直延伸到岛上。对一个如此偏僻的小岛来说，其热度是超乎想象的。

王爷角码头往右走，有新昌士多、坪洲士多两家便利店，这也是岛上仅有的餐馆和住宿处。在两家士多店吃饭，海鲜和青菜自然是新鲜的，和香港市区相比，价格也不算贵。香港的离岛都各有传说的美食，不过豆腐花似乎是每一个小岛上的永恒传说，东平洲自然也不例外。

如果当天往返，东平洲环岛郊游径算得上是经典的环岛线路，即从王爷角码头右边开始，经过大塘村，斜穿东平洲走到斩颈洲，再经过龙鳞咀、龙落水、难过水、更楼石、阿妈湾回到东平洲码头，行程大约三个小时。

更楼石边的页岩海蚀平台

路况并无难度，但是要注意要自己带足水，途中没有补给。若留宿在村民家拍日出，最好是按上述路线倒过来行走，因为日出的最佳拍摄点在更楼石；在岛上露营就方便多了，营地就在更楼石附近。

住在村民家的游人，需凌晨四点半起床，这个时候，岛上黑黢黢，小路上没有路灯，靠着头灯和电筒的帮助一路赶往更楼石。循着士多店给的手画地图，沿着水泥小路走到天后宫门前，下海滩便到了阿妈湾。阿妈湾海滩的叠石岩十分有趣，页岩被海浪侵蚀，风化出一张大棋盘般的形状，恍若远古的壁画。继续前行，便到了更楼石。海蚀平台上，两座巨大的沉积岩海蚀柱相对而立，仿佛是守护东平洲的更楼，"更楼石"因而得名。大片的沉积岩形成了天然的台阶，一直通向海中，海边页岩礁石上的路牌像海边的十字架，白浪滔天，风起云涌，沉积岩内的海水映着红色的朝霞，仿佛有史诗般的故事将从这里展开。

走过更楼石，不远处就是

东平洲岛

DONGPINGZHOUDAO

东平洲岛其实叫平洲岛，但因很容易与坪洲岛混淆，所以改称"东平洲"。因为生活不便，岛上的居民陆续迁到香港市区，如今这里只余不多的几户人家，不少房屋也荒置了。

餐馆门前吃饭的人

难过水，涨潮时，整个海蚀平台会被海水淹没，即使退潮，浪涛仍不停地涌上岩石。天气晴好的日子，朝霞丝丝散落在海面和沉积岩上，潮间带潮池如同海上的镜面，云彩倒映，难以分辨虚实，场景宛如仙境。许多香港摄影师专程到此拍摄这一胜景。

难过水到斩颈洲之间是泥土路，雨天非常湿滑。继续往前走是龙落水。从高处往下看，岩层犹如百米长龙入海，遇到大

坪洲士多店（上图）；
新昌士多店门前的菜牌
（下图）

风，龙落水便是巨浪滔天，拍打岩石发出龙吟一样的声音。远处的浪头冲向石壁，泛起几米高的浪柱，站在岩石上观浪，壮观又危险。

岛上有一处伸出海中的页岩山，像是一个小小的半岛，由于风化和海浪长年侵蚀，加上地质的变化，"半岛"部分仿佛被斩断成两截，山中间形成了南北相通的巨大山谷走廊，页岩千层，两边都是大海，行走在其中，海风呼啸而过。从空中看，这座小山仿佛是龙颈被斩断，故称斩颈洲。斩颈洲需要拉着绳子下到海滩才能进入山谷走廊，岩石湿滑，如果在海边摆姿势拍照，很容易摔倒或被巨浪卷走。如果体力和时间允许，可以走到洲尾角，这是一段非常规徒步线路，可以直接从大塘村抵达新昌士多店。

东平洲岛上能游泳的海滩并不多，长沙湾等地风浪太大，只有王爷角码头到士多店之间的大塘湾微避风。闲来可以在两家士多店周围溜达，有条小路直接走到海边，对面是深圳金沙湾海滨公园。

当游客乘船离去，士多店也安静起来，栈桥上空空荡荡，唯有海鸥在游荡。行至王爷角码头的航标灯下，夜色阑珊，只剩海涛起伏。

海滩边的小艇

岩山被风化和海浪侵蚀斩断成两部分，故称斩颈洲（上图）；龙落水的岩石与巨浪（下图）

【贴士】 港铁大学站步行至马料水码头，乘轮渡上岛。去程：每星期六、日上午9:00或每星期六15:30马料水码头开出。回程：每星期六、日17:15于东平洲王爷角码头开出。

岛上需露营，借宿村民家仅提供折叠床，且床位很少，需要提前支付定金预订，临时去不一定会有床位。

只为浮潜而来：黄茅洲岛

有位香港摄影师曾划独木舟征服香港107座无人岛，他拍下的第一张照片就来自黄茅洲岛。去黄茅洲，可以不为征服，不玩荒岛求生，只为去游泳、浮潜。

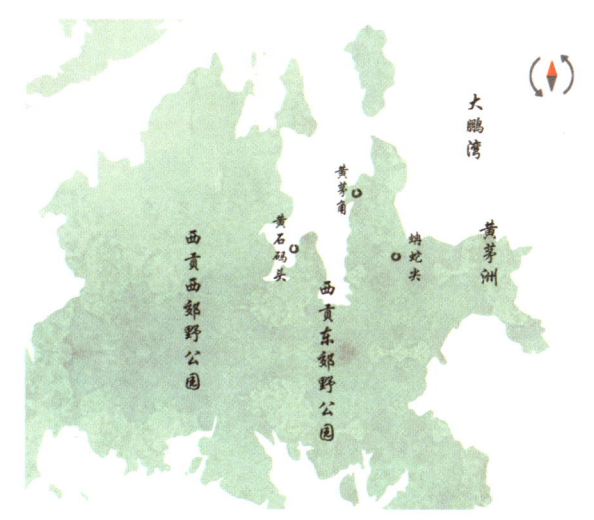

快艇从香港黄石码头出发，急速行驶在大鹏湾上，越过塔门岛，在蚰蛇尖往海对面望去，便是黄茅洲。快艇一路颠簸，有海鸟与浪花为伴，十点的阳光正猛，晒在穿着紧身浮潜服的身上，汗水有些滑腻。这片海域是香港帆船和独木舟爱好者的乐土，海上彩色的风帆和独木舟鱼贯而过，像是蓝色绸缎上鲜艳的花。

快艇临近黄茅洲，会觉得它比想象的小很多，与其说是一座岛，倒不如说是海上的两座相连的大礁石，中间怀抱着一块小小的白色沙滩。左边建有一个很旧的小码头，大船无法停靠，只有快艇可以靠近。码头在岛外的一个小礁石上，由一个很小的石桥连接。这个荒岛上的码头应该是为了山顶那座小房子修建的，房子无人居住，看上去

一位驴友站在黄茅洲岛的另一个山头上瞭望

更像是一座灯塔或气象观察站。

　　沿水泥台阶拾级而上，通向西礁山顶那个小房子。正午毒辣的太阳晒在身上，尽管隔着衣服，仍令人生疼。途中俯瞰沙滩，台阶旁野生花草茂盛，生机盎然，从下往上看似乎有些陡，其实两三分钟就能走上去。穿过被野草覆盖的一段台阶，便上到海拔不高的山顶，房顶有一座灯塔，标号是118号。房边的背阴处凉风习习，比海滩凉快许多。房子对面有个三角测量的定位柱，这里是最佳的合影拍摄地。隔海相望的山尖，就是香港有名的山峰蚺蛇尖，号称"西贡三尖"，登上去也绝非易事。

　　与西礁山顶的郁郁葱葱截然不同，对面的小山上全是礁石，红黄

黄茅洲岛

HUANGMAOZHOUDAO

岛边的礁石群下，水质清澈

　　大鹏湾中有三个较知名的小岛，因为像泥牛入海，它们被称为大鹏湾"三牛洲"："东牛"独牛洲、"北牛"弓洲、"南牛"黄茅洲。岛上有不少黄茅草，"黄茅洲"大约即因此而得名。

　　在黄茅岛的山顶上放眼看，大鹏湾的一边是香港，一边是深圳，黄茅洲离香港市区很远，离深圳南澳反而更近。说起黄茅洲，也许有很多人会误会另一个地方。珠海香洲也有一个黄茅洲，香港和广东气象台在那里联合设置了气象站。但香港黄茅洲和珠海黄茅洲是两个完全不同的地方。在这个黄茅洲岛上，香港的手机电话卡信号全无，反而深圳移动的信号在这里接收良好。

的纹理纵横交错，好像是火山岩。登上礁石顶端的路比较危险，但仍有不少人攀爬上去，毕竟经历困难之后观赏到的景色会更美。

沙滩上可以支幕帐，供游泳者更衣休憩。海水乍看似乎泛黑，但其实是海底石头的颜色，细看沙滩边漫过白沙的海水，还是非常清澈的。穿上浮潜服，带上面罩，套上脚蹼，仿佛就能化身海中生物，畅游大海。岸上温度灼热，海中却十分凉爽，因此岛上唯一的活动就是潜水。海里遇见最多的是海胆、鲍鱼、螃蟹、海葵之类的生物，石头缝隙里还有不少狗爪螺。浮潜者穿梭在五彩斑斓的热带鱼身边，好像闯进了亚特兰蒂斯的水下国度。

香港海岸附近海洋生物繁多，自然环境保护良好，得归功于香港严格的法律规定。按照律法，对于非法捕捞者最高罚款20万港元及监禁6个月，所以潜水的游客可以欣赏拍照，却千万不可试图抓捕水中生物，一旦被查获，处罚严厉，毫无情面可言。因为禁止捕捞，没了天敌，香港一些海边的海胆泛滥，反而破坏了海底珊瑚的生长环境，于是当地又建造起人工礁石，繁殖鱼类去吃海胆，以营造生态环境的平衡。

黄茅洲的海水很好，但是海滩对游人并不友好——岛上沙滩面积很小，海里全是石头，还长满了带刺的海胆、尖利的海蛎子等生物，如果没穿潜水鞋和手套，易被割伤。此外，海上紫外线极强，浮潜者最好穿上长袖浮潜服，否则即使抹了防晒霜一样也会晒伤。

中午的海滩，全靠搭建幕帐来躲避猛烈的阳光。拿出冷藏箱中冰镇的啤酒饮料，边喝边聊天，任孩子们光着膀子在海里嬉戏，享受他们这个年纪才敢直面的暴晒。因此，对于想观景的人来说，这样的黄茅洲简单得有些枯燥，然而，对于喜欢荒岛的人而言，简单即是最好。

黄茅洲岛的礁石

在沙滩的天幕里休息的游人（上图）；
这条水泥台阶通向岛最高点——西礁
山顶（下图）

【贴士】

————————

　　黄茅洲岛没有轮渡，需
在香港的黄石码头、马料水码
头或者西贡码头租船或快艇上
岛，如果在黄石码头租快艇到
黄茅洲岛需10多分钟。

远离尘嚣：南丫岛

　　香港第三大岛屿博寮洲位于香港之南，形似汉字"丫"，故称"南丫岛"。岛上以山地居多，家乐径（休闲徒步路线）难度较小，适合徒步，是香港和珠三角地区最热门的徒步路线。南丫岛上出土过新石器至明清时代的文物，唐宋时曾为停泊往广州贸易的外国船只之地，历史的厚重感为它披上了一层神秘的面纱。

东博寮海峡

南丫岛

榕树湾

榕树湾码头

南丫岛火力发电站

洪圣爷海滩

索罟湾

芦须城泳滩

神风洞

模达湾

索罟湾天后宫

石排湾

东澳

乘渡船到达南丫岛索罟湾二号码头，沿家乐径步行到榕树湾码头大约5千米，沿途路标清晰，驴友两小时左右即可走完全程，边走边玩则需约五小时。而沿另一个方向走菱角山远足径，是一条自然景观线路，经过模达湾、石排湾、东澳、索罟湾天后宫，绕一圈走到索罟湾码头则会远好几千米，多耗时两三个小时。

出索罟湾码头选择右转，即步入家乐径。靠近码头的一条食街有不少海鲜档和茶餐厅，尾端则多为海鲜干货和港式点心。在这里尝南丫岛海鲜，买港式糕点，喝冷饮和糖水，不争吃些什

么，只要坐在海边的店里，就足可享受海岛时光了。

穿过海鲜食街，就是东岸的索罟湾。这里有座150年历史的天后宫，庙内曾有清代的聚宝盆和古钟，还展示了一条皇带鱼标本，香火颇旺。过了天后宫有个神风洞，是日本占领香港时期日军"神风敢死队"挖掘的，洞里曾藏有多艘对盟军舰只进行自杀式袭击的突击快艇。

当看到右手边海滩有一个路口往右转，即可离开家乐径去往"芦须城休憩处"，这是大多数家乐径徒步者容易错过的招牌景点。芦须城休憩处有座避雨亭和桌椅，小憩后上山走到观海亭，近可俯瞰整个索罟湾，远可眺望东博寮海峡对岸的浅水湾，南丫岛最上镜的照片大多出于此。索罟湾中有不少渔排，这里是南丫岛渔民文化村，可以垂钓、学习拉网和结绳（需在索罟湾购票方能坐船上渔排）。

返回家乐径继续前行，有个仅几户人家的小村，居民不多，曾有野猪出没，村里房屋的外墙上还有巨大的野猪涂鸦。顺着大路遇到交叉路口往左，山下是芦须城泳滩，徒步往返需要半

村落民居的外墙上，大幅的野猪涂鸦（上图）；日占期挖掘的"神风洞"（下左图）；建兴亚婆豆腐花已成为南丫岛的代表性美食（下右图）

个小时以上。

到达蜂之谷只走了全程的三分之一，不过从此都是下山路，会轻松很多，而且越走越繁华热闹，这也是选择反向穿越南丫岛的原因。

蜂之谷观海，对面就是南丫火力发电站，三个大烟囱是南丫岛的标志。沿着海边的家乐径行走，始终是在山上，无法下到海边，只有接近洪圣爷海滩时，才能真正接触到海。

索罟湾中的渔排（左图）；徒步径上的游人（右上图）；小吃店的招牌价目表（右下图）

洪圣爷泳滩是南丫岛最好的海滩，也是香港的一个免费公众泳滩，有免费的更衣室、厕所等设施。海滩很小，但是沙质不错，夏季徒步南丫岛，不妨带上泳衣，在此游泳休息。泳滩不远处有浪涛轩等酒店、民宿，在浪涛轩门前的小花园喝杯咖啡也是途中乐事，当然，附近的小餐馆、咖啡店、冷饮摊等性价比更高。

　　继续徒步。十字路口右边可通往南丫岛风力发电站，是南丫岛的生态旅游径之一，不少人专程去看71米高的大风车。南丫岛生态旅游径有三

冬姑排骨飯 $38元

清湯牛腩飯 $38元

豬手飯 38元

排骨麵

牛什麵 38元

牛什河 30元

牛什河 30元

牛腩飯 38元

豬手麵 30元

牛什麵 30元

牛腩麵 30元

水餃麵 30元

餐蛋麵 30元

煎釀豆腐 15元碟

煎釀水餃 15元碟

魚蛋麵 30元碗

外賣 涼粉麵 荳芽 take out

豬紅
豬大腸
豬皮 30元
蘿蔔
九菜三款

自製涼粉 10元

自制豆腐花 10元

南丫岛

NANYADAO

南丫岛家乐径沿途以灌木居多，路边很多野花，但却没有多少可遮阴的树木。路都是石块砌成，夏天徒步，炎热非常，不做好防晒会苦不堪言。南丫岛蜂之谷的休息亭，夏日会有卖冷饮和雪糕的小摊，吃点喝点就是途中的极致享受了。

条，分别位于岛的南、北和中部，长短不一，步行时间需1.5～3小时不等，只上岛一天的人就没时间体验了。

建兴亚婆豆腐花是南丫岛名副其实的特色小吃。鲜花盛开的大树下摆着一个个小摊，烧烤、粉面之类的小吃，品种不少。吃上一碗豆腐花，喝上一杯豆浆，是歇脚时的好选择。村里可逛可歇可拍照。墙壁上满是涂鸦，既有稚趣又有艺术内涵；天然的植被看似野蛮生长，却干净喜人——不知出生在南丫岛的周润发，儿时是

否也在这里奔跑嬉戏过。沿途有小店售卖一些手工制作的旅游工艺品，价格不贵，路上时而有孩子向父母撒娇索要。

南丫岛鹿洲村东的海滨，有座百年历史的天后庙，不远处就是榕树湾。每到农历三月二十三天后诞日，这里会举办龙舟赛和摇橹赛。榕树湾是岛上最繁华的地方，南丫岛70%的居民都住在这一带，1990年南丫发电厂建立时，许多外籍工程师搬到榕树湾一带居住，之后吸引了更多的香港外籍人士聚居在此。很多村屋都改成了

十多年前的榕树湾大街（左图）；榕树湾一家书吧门前的咖啡桌（中图）；手工纪念品（右图）

度假屋，士多小店门前也挂着度假屋出租的牌子，不少度假屋面朝大海，坐在阳台上就可以眺望榕树湾。

逢周末和节假日，会有不少香港本岛的人们坐船来南丫岛游玩，不想徒步的游人，都是直接坐船到榕树湾码头往返。榕树湾大街上，茶餐厅、水果档、小杂货店、咖啡室、书店……各种小店鳞次栉比，颇有异域情调，小巷内人头攒动，人流摩肩接踵，堪比香港繁华街头。但尽管游客纷至沓来，南丫岛也依然保留着过去小渔村的风貌，并未因此大兴土木。

【贴士】

港铁香港站E1出口，步行至中环4号码头，乘轮渡到南丫岛榕树湾码头或索罟湾码头。轮渡班次频密，约20～30分钟一班。

榕树湾码头和索罟湾码头分别在南丫岛两端，可以从其中一个码头上岛，穿越南丫岛后，从另一个码头返回香港中环码头。

自带文艺复古气质的小岛：**坪洲岛**

面积不到1平方千米的坪洲岛，是个位于长洲岛边上的迷你离岛，鼎盛时，这个弹丸之地内曾拥有近百家工厂，当工业逐渐消歇衰败之后，遗留给这里一份难得的幽静，成为人们探访香港工业遗址的故地。

去坪洲的轮渡上游客很少，除了屈指可数的几位外国游客，基本上都是岛上的居民。码头附近的街市——永安街算是坪洲最繁华的地方，商铺大多集中于此。当然，所谓"繁华"，也只是相对而言，比起长洲岛的热闹是相差甚远的。事实上，永安街是一条仅容两辆自行车通过的小巷，长约500米，沿街全是小小的店铺，棚子面对面伸开，将小巷的上空都遮住，阴暗狭仄，行走其中，仿佛穿梭在摩洛哥暗巷中。街市上售卖的大多是日常生活用品，并没有什么大众化的旅游纪念物，倒是偶尔可以淘到德化瓷器、惠安石雕、木偶一类有趣的小玩意。

沿永安街走到街尾，围仔街15号是岛上曾经的坪洲戏院，黄底红字的招牌。戏院如今已倒闭，成为私宅而无法进入，门前拍张纪念照，很有点时空穿越之感。十字路口安放着一个供奉神的香案，明亮鲜艳的色彩在旧街道中格外惹眼，一盏长明灯还亮着，看得出这里经常有人来烧香，祈求平安。

岛上有很多庙宇以及一些静

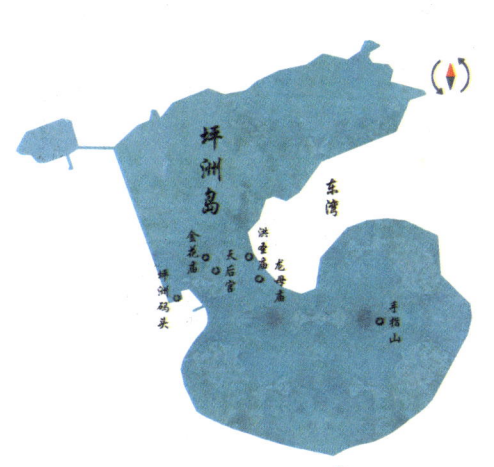

修场所：永安街69B的天后庙，距今已有200多年历史，庙旁还遗存着清禁封船碑；天后庙左转，有金花庙可拜金花娘娘；志仁街15号的龙母庙是岛上最大的寺庙，据说摸龙床会有好运，还可以根据摸到的物件来推测自己的"运程"。

沿永安街向金坪邨方向走约10分钟，再左转走几分钟后，就是"大中国火柴厂"的厂址石碑。1930年，上海火柴大王刘鸿生开设了大中国火柴厂，鼎盛时期雇员多达2000人，当时是中国

乃至东南亚最大规模的火柴厂，"飞轮"牌火柴风靡一时。抗日战争期间，火柴厂迁移到坪洲。20世纪70年代，随着打火机的流行，火柴厂关闭，只留下几块界碑。此外，岛上还有两栋废弃的老房子，其中一栋两层楼高的房子隐约还可见"胜利"二字。这是原胜利灰窑厂旧址。19世纪末期，坪洲曾有11间灰窑厂，1950年之后，石灰需求减少，灰窑厂逐步倒闭，只余破旧的厂房作为那段历史的见证。岛上那曾经存在过的百余所工厂命运皆大抵如

坪洲岛体育会舞龙的年轻人（上图）；岛上民居（下图）

此，这个一度繁荣的香港工业中心早已画上了句号。

坪洲岛上生活大约七千多居民，是香港犯罪率最低的小岛。岛上民居大都在四层以下，保持着过去的样子，建筑陈旧但颜色鲜艳，看得出来时常维修。屋顶竖着许多久违的龙骨天线，这些接收装置曾一度遍布广东珠三角一带，后随着有线电视的普及而一去不复返。

坪洲岛的集贸市场在一栋大楼里面，如果时间允许，可以买些海鲜到餐馆加工。岛上有很多海鲜美食，如胡椒虾、陈皮蒸泥鯭、白灼象拔蚌、香煎海鱼、姜葱炒沙蚬、鸡蛋蒸海蟹、杂鱼汤等。商业街上虽然只有几间小馆子和茶座，菜式却全，还有粤菜、泰国菜、越南菜等餐厅，店里食客不多，价格也不贵。街口一家稍大的餐馆，环境普通，却座无虚席，服务员穿梭不停。蒸笼打开，热气腾腾，各种粤式小点价格便宜又地道。

坪洲虽小，也有坪愉径和家乐径两条远足径。从码头上岸后向左走几分钟到坪利路，左边的大利桥将坪洲岛和另外一个小小岛——大利岛连接在一起。大利岛曾被珊瑚群所环绕，后来灰窑的生产导致珊瑚死亡，现在已只能看到珊瑚石了。站在大利桥上，可以远观大屿山和迪斯尼乐园。从坪利路往右边行，即为登山远足的坪愉径，北方的尽头有"钓鱼公"景观。

从坪洲码头往右走，则有家乐径入口，可以登上手指山，那是坪洲岛最高峰，海拔95米。通向手指山山顶的路没什么难度，在山顶待到日落，满眼都是洒金的海面。从坪洲岛最高点俯瞰，坪洲外形有如一个"凹"字，潮涨时淹没岛中间的低谷处，便会短暂地形成"双岛"的假象。

下山的路很窄，路旁都是芭蕉树、野草和各种野蛮生长着的植物。经靠近海边的小道可以下到沙滩，虽然面积不大，但水质很好，适合游泳。

台湾知名舞台剧导演赖声川曾在话剧《水中之书》里讲述了这么一个故事：男主人公在金融海啸中事业失败，在发生巨变之际，偶遇一个小女孩，带着他去坪洲岛寻找水中之书。从繁华的工业中心到寂静的小岛，经历了沧海桑田的坪洲岛不知是否也找到了自己的《水中之书》。

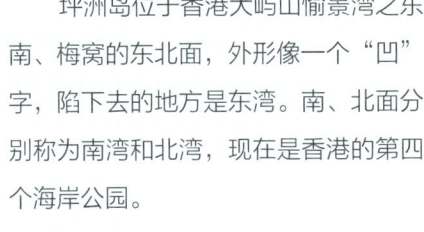

坪洲岛

PINGZHOUDAO

坪洲岛位于香港大屿山愉景湾之东南、梅窝的东北面，外形像一个"凹"字，陷下去的地方是东湾。南、北面分别称为南湾和北湾，现在是香港的第四个海岸公园。

岛上万象：
一座寺院（左上图）；胜利灰窑厂旧址（左下图）；民居（右上图）；民居外堆放的杂物（右下图）

【贴士】 从香港中环6号码头坐港九小轮去坪洲岛，约十几分钟一班轮渡，航程大约40分钟；坐高速船约需25～30分钟。

香港"南极"：蒲台岛

　　蒲台岛是离香港最远的海岛，是香港的"南极"，也是香港拍摄星轨的最佳观景点，山友们很喜欢去那里露营、看星星、看日出日落。岛上有些风化的花岗岩，被录入"香港十大最美岩石"。此外又有古老的石刻，记录着人与自然的千年对话。

蒲台岛环岛步行道。沿海岸小径可享受惊险的旅程，或漫步至小岛南端，登上面向南中国海的花岗石绝壁

上的"保乂流芳"数字至今仍清晰可见，门内一片残垣断壁，传说是1933年岛上的首富巫少棠修建的住宅，荒废已久，有些阴森刺激。从巫氏古宅返回徒步径，没几分钟即可走到长石排，回望灌木丛中有块形似长方形棺材的巨石，这就是棺材石。

行至一处三岔路口，左转是一条崎岖不平的山路，通向蒲台岛的中央山顶，并可一直走到码头对面的天后庙、响螺石，据说走完这条线路需要两三个小时。三岔路口往右，则可继续沿着台阶前行至牛湖顶。牛湖顶上的最高点标识柱附近有一座观日亭，白日里清风扑面，可观海浪汹涌；但当暮色降临，则海上金光万点。从这里继续前行至下一处分岔路口，往右能回到码头，往左则通向僧人石和灵龟石。顾名思义，僧人石形似和尚，竖立的长形石上顶着一个稍小些的椭圆石，看起来像是面朝天空的僧人；灵龟石则位于徒步径一侧，远看犹如一只大海龟在吃力地往山上爬，因此也常被称为海龟上山石。

蒲台岛的地标是南角咀的一个灯塔。白色的方形房屋建在

蒲台岛这个名字很有"佛性"，岛上地势平坦，从海上看似一个浮台，蒲即浮，故得名蒲台，后改为蒲台岛。

登陆蒲台岛的人以参加露营、徒步活动居多。蒲台郊游径的大部分线路与景点都在岛的西南部，适合挑个好天气前往。郊游径全程约4千米，需要至少2.5小时。从码头出发，经过牛湖顶观日亭、僧人石、灵龟石、126灯塔、淘金崖、佛手岩、蒲台石刻，最后回到蒲台码头。

从蒲台岛码头沿着郊游径，走到一个L形转弯处，有一条不明显的小路通往巫氏古宅。这幢老宅以"鬼屋"闻名，门头匾额

岛上一家临海的居民小餐馆（上图）；天后古庙（下图）

蒲台岛日落时分

蒲台岛上没有法定的营地，也没有淡水，只能在山上宽敞的地方凑合睡一晚，并不适合露营。如果只想在岛上逛逛，买点干紫菜、昆布丝、干章鱼作为手信，吃个饭就返回香港市区，则可以选择从码头走到126灯塔返回这一短线，沿途经过明记海鲜、海滩、耀记美食，再走到后面山上的天后古庙，古庙左侧的响螺石上可俯瞰整个蒲台岛海湾，是不错的一日游计划。

岛上小店

岩石上，墙面写着"126"的编号——这里是香港最南点，因此被称为"香港南极"。灯塔没有光污染，且岛的东面与南面均一望无际，无任何阻挡，即使在冬季，天幕中的银河仍然清晰可见，因此成为摄影爱好者拍摄星空的最佳处所。每到夜晚，情侣们依偎在灯塔下的台阶上，吹着海风观星看月亮，远眺一望无际的南中国海，多半就会想起李商隐那句"沧海月明珠有泪"吧。126灯塔下方是淘金崖，崖下是南角咀最靠海的礁石，昔日渔民常来此地捡拾紫菜去卖，就像是淘金一般。

沿南角咀继续前行，可以从灯塔的另一边返回码头，沿途有几处景点，一个像是如来佛掌一样的佛手岩，还有香港史前时期的摩崖石刻——蒲台石刻。石刻被一条约0.7米宽的石缝分隔为左右两部分，左边的图案形似鱼和动物，右边则是螺旋状的绳纹连结。路旁有一处很小的沙滩，水质非常好，浮潜时可以看到不少海胆和海鱼，算是蒲台岛上可以戏水的两处沙滩之一。另一处沙滩位于明记海鲜和耀记美食之间，水质最好，常有游客翻山越岭特地来此。从小沙滩回到郊游径，是一段最美的步行道——海边岩石上架起的长桥般的栈道，在日落时分呈现温柔的橙黄色。

蒲台岛上的常住民不过十几位，且只在码头附近有两三家士多和小吃店。岛上共两家餐馆，一家叫耀记美食，可以坐三四桌人，经济实惠；另一家叫明记海鲜酒家，较为知名，可容纳几十人。岛上没有酒店，可供住宿的只有渔民家的木板房，且得提前预订才能抢到。

蒲台岛的徒步线路难度并不大，但海水水质一流，空气绝佳，像一位不施粉黛的美人，即使远在他乡，却仍能让人千里迢迢奔去一睹真容。

蒲台岛有全香港最奇特的奇岩怪石，如图中的响螺石（上图）；居民门前的渔网（下左图）；海中嬉戏的游人（下右图）

【贴士】　在香港仔码头搭乘轮渡，船程约60分钟；在赤柱卜公码头搭乘轮渡，船程约30分钟。香港仔码头和赤柱卜公码头只有在星期二、四、六、日及公众假期才有轮渡。深圳到蒲台岛单程约需要180分钟以上，注意岛上返程航班与其他交通。

岛上徒步需要携带饮用水，除码头之外途中没有任何补给点。

碧波中的长廊：桥咀洲岛

西贡牛尾海上，有个香港最小的离岛郊野公园，共由八座小岛组成，其中最大的岛叫桥咀洲。岛上的厦门湾远离都市，是香港公众海滩中水质最好的，在香港西贡地区最受欢迎。

西贡公众码头船艇很多，从豪华的游艇到小舢板游船比比皆是，租赁价格也不贵，因此每到周末这里总是热闹非凡，香港市民喜欢租艘游艇游西贡海，或出海钓鱼。西贡公众码头有开往厦门湾小码头的私人街渡，小木船行驶在牛尾海上，桥咀郊野公园的桥咀洲、桥头、白沙洲、大铲洲、小铲洲、枕头洲、游龙角和断头洲八座小岛一字排开，海上灯塔随着船与浪在视野中起伏。

桥咀洲地质公园海域有海猪鱼、石斑、蝴蝶鱼、海胆、海参和海螺等生物，各小岛沿岸也是海钓胜地。附近的珊瑚颇为出名，覆盖率接近80%，而且品种多样，是浮潜的好地方。戴上浮潜镜和呼吸管，深入水下，便可

穿梭于绚丽的珊瑚群中，与斑斓的鱼群同游。

去桥咀洲的人多半是为了去厦门湾（Hap Mun Bay）泳滩，它在桥咀洲的南部，面朝西面外海，按香港水质标准属于一级，船行海面，如同浮在空中一般。因粤语"厦门"（Hap Mun）

桥头岛

QIAOTOUDAO

桥咀洲岛边上有一个小小的桥头岛，退潮时会有一条沙洲露出海面，将两个岛连接在一起。连岛沙洲上的石头多为火山岩，平时被海水淹没，退潮才露出，有的像只巨大的菠萝包，有的看起来锈迹斑斑。从厦门湾走到黑山顶，再经沙洲徒步到桥头岛灯塔，沿着这条3千米左右的地质步道，可一路观赏1.4亿年前的地质奇观。

海边乱石滩

发音近英文Half Moon（半月），厦门湾也叫半月湾，海湾也的确形如半月，两端都有小山头守护着。从远处看，厦门湾的沙滩遍布着各色遮阳伞，到处是戏水的情侣和埋头挖沙的小朋友——这个不亚于国外热门海滩的地方，无疑是香港家庭和情侣的上佳游乐场。站在海中，海水清透见底，小鱼成群嬉戏，偶尔亲吻一下水中玉足，便会引得女孩们惊叫喜笑连连。可以从海中浮台一跃而下，感受跳水的刺激；游得累了，也可以爬上浮台休息片刻，仰望蓝天晒太阳。

厦门湾是香港的免费公众海滩，救生员、医务室、防鲨网、更衣室、淋浴室和卫生间一应俱全。不过岛上没有淡水，淋浴用水为淡化海水，仍带着点咸味。海滩上有一个烧烤场，但没有自来水供应。岛上唯一的一家小士多店，也只提供冰镇的矿泉水、饮料和雪糕等，因此，如果想上岛野炊，最好自己带水。

赏日落要在厦门湾，观日出则宜穿越营地，去到厦门湾背后的海湾。凌晨，情侣们坐在岩石上，静静地等待着日出。空气中飘荡着粉色的泡泡。日光逐渐溢出地平线，远处滘西洲的山峰挡住了太阳，虽然看不到旭日跃出海面的场景，但海边礁石都镀上了一层金色的光晕，别是一番动人场景。

桥咀洲是世界地质公园的景区之一，西贡码头有一日游的船程，可以坐船环岛参观象鼻石、龙眼圆头、蝙蝠石和海龟石等海蚀洞。户外行家则会穿越丛林，经过黑山顶，登上桥咀洲136米的最高山顶，俯瞰整个桥咀洲。

坐船到桥咀码头，或者花1小时从厦门湾走到岛北的桥咀泳滩，就可以避开厦门湾的人潮。这是一个半石半沙的海滩，人少水清，可以晒日光浴，可游泳、潜水，或者在附近划独木舟。

傍晚，厦门湾海滩慢慢恢复宁静。吹着晚风，走在无人的海滩，看着夕阳的余晖，优哉游哉，安静自在，不禁哼起了张学友的《半月湾》："半月湾，不老的容颜。挽你的袖，伴你左右，难舍的温柔。爱过的人唱过的歌，轻轻流过心海……"

厦门湾的沙滩（左上图）与泳滩（右上图）；岛上的烧烤场（左下图）；从观景长廊看海滩（右下图）

【贴士】

香港西贡码头附近可找到去桥咀洲、厦门湾（半月湾）私人船家售票的招牌，满20人开船。买票时一定要记得询问最后返程时间，且记住船家的手机号码，避免错过最后航班无法返回。

桥咀郊野公园有珊瑚保护区，请勿带走岛上的石头、贝壳。桥咀洲上无法定露营地，不能露营。

西贡隐世海滩：三星湾

　　新界西贡麻南笏半岛有个水质一级的公众海滩——白沙湾的三星湾泳滩。如果说伸向牛尾海的麻南笏半岛呈"Y"字形，那面积不大的三星湾海滩就是"Y"字的右上角分支。

　　由于地点隐秘，白沙细腻，海面平静，游人比香港其他泳滩少，三星湾一向被誉为西贡隐世海滩。不过，虽然是香港的一流的公众泳滩，这里却没有直达交通，只有巴士加徒步或巴士转轮渡两种方式前往，也就是说，要么坐车到西贡码头，然后徒步到三星湾，要么坐车到白沙湾，再坐轮渡到三星湾。

　　从西贡码头走到三星湾约5千米，徒步难度不大，即使带着孩子一起，也只需约两小时路程。在299西贡巴士总站下车，去超市和菜市场买些烧烤和打边炉的食材，从西贡码头出发沿海傍道前行，海湾里密密的游艇让人目不暇接。往右转走到翠塘路，到三岔路口左转至康村路，从这里一直走到尽头是丁字路口，如果直行，可以到达狮子会自然教育中心和渔农自然教育中心，是亲子徒步线路的不错选择；但如果左转，则进入两旁树木高大、路面宽敞优美且无人无车的康健路，到了康富路右转走到底，在水泥路消失不见处的右侧，竖着栏杆，上写着"汽车等

禁止入内"，从旁边绕过栏杆，就开始了一段上山的土路。

　　步入马鞍山郊野公园的南区，行至岔路，有路标指往麻南笏方向，接着一段山上小路。

这段路环境舒适，即使在炎热的夏季，行走其中仍格外凉爽。又临一岔路，一边是往麻南笏村方向——体力好的户外发烧友经常徒步到麻南笏半岛的最顶端白马

白沙湾上的游艇（右上图）
西贡码头边卖海鲜的小艇（右下图）
从西贡码头出发，可徒步去往三星湾（左图）

咀，然后再返回三星湾，但这需要极好的体力。去海滩的人则一般会选择路标上的三星湾方向，一直走也不会迷路。在山顶和下山途中，右手边的海湾时常跃入眼帘，海湾里大大小小的各色游艇，宛如星辰点点，这就是白沙湾。下山后，沿一条水泥路左转是烧烤场，继续走下去则是三星湾海滩。

海滩一隅（上图）；三星湾泳滩左右两端礁石较多，适合浮潜（下图）

三星湾 SANXINGWAN

　　三星湾属于香港康乐及文化事务署管理，泳滩设施齐全，有小食亭、救伤站、更衣室、淋浴室、救生员、烧烤场等，所有服务设施免费，只是没有法定露营地，不准露营。烧烤场有餐桌、炉灶台和石凳，也可以免费使用，三楼的士多店可购买泳具、烧烤的食物、木炭及其他烧烤用具。

三星湾海滩比厦门湾还小，碧绿海水映衬下的白色沙滩上，遍布着各色遮阳伞，伞下铺一块地垫，情侣或者家人席地而坐，便可安享假日时光。有人专门来海滩晒太阳，追求小麦一样的健康肤色。如果不喜欢暴晒，泳滩左边有一排避雨长廊，也可遮阳观海。炙热的中午阳光下，海上有人游泳、戏水、浮潜，孩子们带着各色游泳圈在海里扑腾。防鲨网内设有两个浮台，游累了可以在上面歇息或晒日光浴。海滩上的瞭望塔上有救生员在值守，海上也有救生员划着船在巡逻，给人满满的安全感。

烧烤场上，三五朋友围坐做个BBQ，鱼肉在火炭上吱吱冒着油，浓郁的香味四溢；不少外国人在聚餐，一罐冰镇生力啤酒和几串烤肉，尽是假日的味道。也有人打边炉，扔点面，放入各种半成品海鲜、青菜，健康又鲜美。而崇尚简单的游人，则是买来许多糕点、饮料、水果、快餐等，也可以在海边体验一次轻松的野餐。

餐后稍事休息，便能换上泳衣、浮潜服、戴上面罩和呼吸管，下海游泳浮潜。三星湾泳滩坡度较大，下水走不多远就深不着地，但海水清可见底，可看到小鱼环游四周。最开心的是孩子们，坐在细腻的白沙上，堆砌梦想的城堡，或赤脚追逐着海浪；也有爱浮潜的孩子，不论是否会游泳，也敢随父母潜到海中，探索海底的世界。三星湾泳滩左右两端礁石较多，浮潜的人都喜欢聚集在这，下潜观察礁石边的海鱼，甚至带上防水相机记录海中的精彩瞬间，以便与朋友家人一起分享。

傍晚时分，在三星湾码头搭上街渡小轮，横渡白沙湾，掠过海湾的众多私人游艇。奢华海岸线上的免费公众海滩，对于寸土寸金的香港来说确实难能可贵——不管贫富与否，来自何方，在这里，所有人共享着同样简单自然的快乐。

俯瞰泳滩

三星湾与麻南笏半岛的分岔路口

【贴士】 西贡码头徒步4.5千米可到达三星湾泳滩。

乘坐小巴1A或101M或大巴92路于西贡白沙湾下。4～11月间，周末可乘坐私家轮渡到三星湾泳滩，约每小时一班。

注意三星湾泳滩最晚航班，如果错过，可原路徒步返回西贡码头，记住夜间需携带手电筒等照明工具。三星湾无法定露营地，不能露营。

去往塔门岛的街渡小轮

"草洲"：塔门岛

　　西贡东郊野公园边上的塔门岛在大鹏湾香港一侧，对面就是深圳大小梅沙和大鹏半岛。静谧的塔门岛不仅适合徒步，还可以放风筝、看星星，越来越成为背包一族的避世打卡地。因此，尽管无论从深圳还是香港市区过去都距离很远，但仍然无法阻挡香港和内地背包客纷至沓来。

塔门岛上有寥寥几户人家，房屋保留着20世纪七八十年代的样子，虽然留守的多是老人，但门楼、庙宇、餐馆、民宿、游乐场、营地、球场等一应俱全。码头边的几家士多和小餐馆，是岛上唯一能吃饭的地方，用柱子撑着建在海边，旁边漂着几条小船，颇似大澳水上人家。

如果不环岛徒步，只想直接去小草原，上岛后可往左行，穿过岛中央的一条小道，往渔民新村、叠石方向，走到岛的另一端。走过海旁街，穿过岛上人家，能看到台阶之上始建于明末

塔门岛码头和靠岸的街渡小轮（左图）；海边礁石（中图，右图）

清初的天后宝楼牌坊，牌坊内，天后庙与关帝宫并立，香火颇盛，附近渔民均喜上岛来此祈求平安。继续穿过塔门岛中央的茂密小树林，距营地不到十分钟，人未到海边，老远就能听到海浪声和人声——这就是拥有一大片绿草地的"弓背坡"，前方是豁然开阔的大海。可以沿着塔门岛的环岛小道游览一周，路边有带避雨棚的观景靠背椅，静静地坐在那里，看着弓背湾的海浪在乱石间激荡，能感受到那份宁静中的波澜壮阔。

岛上小草原并非官方允许的露营地，一般只能野餐，但不少人并不知道，仍在此搭建帐篷。在营地休息野餐时，一定要藏好食物。可别以为塔门岛没有"小偷"——冷不丁会有一只牛乍然出现，猛啃你带来的野餐食物，让你又惊吓又好笑。岛上放养了不少野牛野猪，日常最爱到野餐地垫边转悠，若是遇到没有藏好的美食，定是毫不客气饱餐一顿。

岛上的主流活动是环岛徒步，从塔门码头开始，往右行，沿途经过榕树村、渔民新村、叠石、塔门营地、龙景亭、龙颈

筋、茅坪山、上围、天后宫，最后回到塔门码头。这个经典的线路几乎没有难度，路标保障了途中不会迷路。如果不去挑战龙颈筋和茅坪山，一两个小时便可走完全程。

环岛徒步可享受新鲜空气，可欣赏惊涛拍岸的自然景观。岛上为人所津津乐道的自然景观是"吕"字叠石——海边的两块大石头叠在一起，像一座6米高的塔，边上有个门一样的洞，叫塔门洞，面朝大海。传说此洞能通向天后庙中的佛台，当地人叫它"佛塔门"，后又简称"塔门"。在"龙颈筋"，还可远眺弓洲及赤洲岛。如果想登顶最高的茅坪山山顶，则须原路返回，这里灌木丛茂密，易迷失方向。

塔门岛虽然没有沙滩，但是水质一流，散步到海边的弓背湾，小心地踏过乱石滩，沐足大海，清凉无比。也可租条独木舟，在纯净的海面上悠然划行，下水浮潜与海鱼同游。潜水爱好者可以坐岛上渔民的小船去塔门岛码头外围的潜水点，浮潜海下，去看海星、海胆和海参等。

离开塔门岛候船时，不妨在码头两旁的小餐馆吃点东西，新

惠和、新有记、新汉记、榕树村茶座和弓字边海鲜等几家小馆，有香港例牌的美食小吃。岛上的无冰冻奶茶、海胆炒饭和油炸墨鱼丸最出名，当然也少不了鱼蛋粉、豆腐花、椒盐鲜鱿等。上船

去塔门岛的渡船上，衣着光鲜的游客是很少见的，几乎全是背着登山包的户外运动装扮者。其中以香港旅客居多，也有不少说普通话的，多为深圳、广州过来徒步的驴友。

天后古庙（左上图）；关帝宫和天后古庙并列在一起（左下图）；码头上刚下船的驴友（右上图）；环岛步行径（右下图）

前，还可以在海旁街买点紫菜、虾酱、鱿鱼丝、虾干、鱼干和螺干等，作为手信带回家。

位于赤门海峡与大鹏湾间的塔门岛只是个1.69平方千米的小岛，岛上渔村曾经繁忙，如今已门前冷落，却仍保留着无须雕琢的自然。塔门岛的英文名为"Grass Island（草洲）"，从岛上的大片草地看来，确实名实相副。要说有什么要当心的，那就只有一点：勿踩牛粪。

塔门岛营地的帐篷

【贴士】

港铁到大学站B出口步行至马料水码头；或者乘坐94号巴士往黄石码头。

马料水码头、黄石码头、荔枝庄等码头均有街渡到达塔门岛，马料水到塔门岛周一到周五只有两班渡船，周日有三班，航行时间约50分钟；黄石码头渡船航班多，航行时间30分钟。

塔门岛无法定营地，露营、生火等或可能被检控；请远离野猪，请勿饲喂野猪野牛。岛上有度假屋和独木舟出租，住宿床位不多，需提前预订。

日落天堂：下白泥

人们都说，"日出凤凰，夕照白泥"，下白泥、鲤鱼门海旁道、大澳、乌沙溪、南丫岛、龙鼓滩、东涌机场、荃湾轮渡码头、黄金海岸、赤柱、长洲岛、万宜水库东坝、铜锣湾避风塘、尖沙咀、西九龙……香港最佳日落观景地有15个，而流浮山的下白泥排在第一位，被誉为香港日落天堂。

下白泥恬静清幽，沿岸的鱼塘和家禽饲养场星罗棋布。日落之前到达下白泥，穿过草丛，可看到海湾、泥滩和红树林苗，还没长大的红树林苗，在夕阳照耀下分外翠绿。小螃蟹在海滩上晒太阳，见到游人

下白泥海滩仅有的沙滩

深圳

深圳湾公路大桥

深圳湾
（后海湾）

上白泥

流浮山

香港

下白泥

下白泥

XIABAINI

　　下白泥位于香港元朗区西部，面临后海湾，远眺深圳蛇口，是新界最西面的地方之一。看日落不需要太早到下白泥，如果在中午之前到达，可以先去观赏两处香港法定古迹，消磨一下时光。元朗下白泥55号，有一座建于1910年的两层楼青砖建筑物，四四方方，看起来像普通的独栋楼房，但房屋设计了锥形凹入式窗口，天台外墙还有两个枪口，它就是下白泥碉堡。这是兴中会革命人士邓

荫南兴建立的革命基地，当时还建有稻米磨坊和炼糖厂作为掩护，后被拆除，仅剩下白泥碉堡，是香港仅存的辛亥革命建筑。如果有时间，还可去寻访白泥村平安堂的陈家园青铜器文化遗址。

下白泥是观赏日落的胜地，于泥滩上静看日落烟霞，身后是长长倒影，能令人澄心静虑

走过，一只只慌忙逃走，缩进小沙洞里，有的还露着一只小蟹腿在洞外。退潮之后的泥滩上，整整齐齐排列着一团团的蚝。香港白泥一带咸淡水交界，是蚝最好的生长环境。白泥养蚝有两百多年的历史，出产的流浮山生蚝在香港颇有名气，不少看完日落的游客往往会去元朗流浮山吃个晚餐，享受新鲜生蚝的美味。

看日落的人着装多样，凉鞋、徒步鞋、溯溪鞋、胶鞋，反正能趟水防水的都行。不过千万别深入泥滩，如果一不小心会陷进泥里，容易摔倒。在下白泥看日落有三样标配：矿泉水、驱蚊水和防晒霜。下午的太阳十分毒辣，海滩上无遮无挡，晚上则蚊虫很多；荒芜的海滩没有小店，必须走到附近的钓鱼场才有水和

穿着各种各样的鞋子准备去海滩看日落

饮料卖，因此去之前最好备上足够的水和食物，以便应付晚上的辘辘饥肠。

太阳还没下山。带着孩子来看日落的父母们，陪着孩子一起在小溪里放燃着蜡烛的纸船，让带着光芒的愿望之船顺流而下。

日落时分，太阳在地平线上徘徊，愈来愈趋柔和的红色光线映红了周围的云彩，又染红了整个海滩。此刻，摄影发烧友则已经支起了三脚架，占据好了各自的摄影机位。海滩的光线逐渐暗下来，天色由昏黄、橙红、粉紫渐转至墨蓝，相机取景器里一排排的蚝壳几乎也要看不见了。不少人蹲在水中，调整镜头上的中灰渐变镜、偏振光镜，准备好遥控快门等，守候着日落的瞬间。

每逢天气晴好的周末傍晚，至少有上百人在这里观日落、拍摄。在下白泥，想拍到好的日落，需要掌握两个要点：第一最好是大退潮的日子，否则无法拍到海滩和蚝田，小溪流也会淹没在海中，让前景显得平淡；第二是要选择好季节的好天气。在这里，一年里只有两三个月能见到天色变化丰富的日落，最佳是夏天。香港的夏天多东南风，来自

下白泥对面是深圳蛇口集装箱码头

太平洋的风多水蒸气，少微尘，空气通透；冬天，香港多为来自内陆的东北风，空气中沙尘较多，不利于摄影。日落的最佳时段——也被称为摄影的魔法时刻（Magic hour）——很短暂，基本上是日落前、后半小时。遇到有云彩的日子，云层的写意图案会让天空增加更多浪漫的情调。

蚝田前总是挤满了拿着手机、相机的人，将蚝田作为日落照片的前景，如果能避开前方的人群，照片会显得更加纯净。溪流中也往往挤满了自拍的年轻人，水流有光线的反光，水面会成为绝搭的前景。在最美的时光里，很多情侣在海滩相拥自拍，颇有情迷下白泥的味道。

太阳在绚丽的红色云彩中慢慢西沉后，天气凉爽了许多，海风阵阵吹拂，令人沉醉。天黑之后，对岸深圳蛇口的灯光次第亮起，横跨海面的深圳湾大桥上的灯光格外显眼。

海滩上的红树林幼苗（上图）；下白泥沿岸都是泥滩，部分为蚝田，出产著名的"流浮山生蚝"（下图）

【贴士】 从香港元朗泰丰街或流浮山乘坐33号专线小巴、NR941号村巴，下白泥并无车站，请告诉司机，才会停车。注意末班车时间，如果旺季高峰时段坐不上车，需要步行6千米到流浮山转车。

香港最小资的离岛：长洲岛

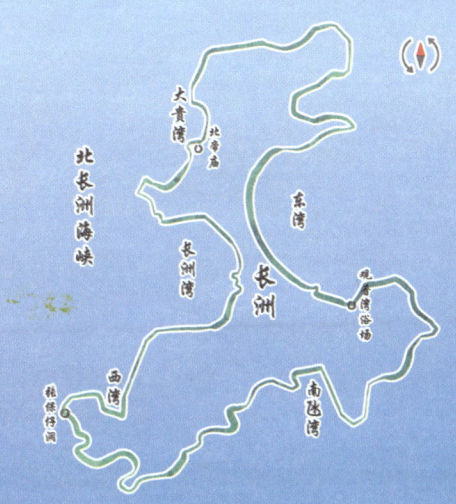

香港的离岛有两百多个，如果只推荐一个必去的，一定是长洲岛。那里满街食肆，港式小吃店环岛散布，满满的离岛风光。

游人散去后，长洲岛秀丽而宁静

海湾的渔船小艇（上图）；长洲岛
街头（下左图）；街头小店销售的
平安包（下中图）与各种味道的鱼
蛋（下右图）

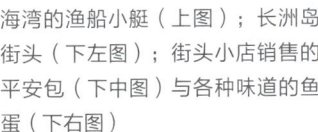

香港居民爱去长洲岛度周末，因为那里大街小巷都是茶餐厅，既有港式靓厨，也有西式餐饮。且不说海鲜，光是小吃都够吃到饱。烘焙糕点、榴莲水果布丁、烤鱿鱼、麦芽糖、仙草凉粉、山水豆腐花、鸡屎藤、大薯棒、龟苓膏……价格比市区要便宜很多。特别要说的是鱼蛋，香港人酷爱鱼蛋，平均每人每年吃掉一百几十颗，而长洲岛的鱼蛋尤其多。有家"甘永泰鱼蛋"，门口排队的人往往绵延半里路，十来块港币一大串，就这么站在路边吃；东湾道上有一家小店，店里的鱼蛋大过乒乓球，门前也经常大排长龙。长洲岛轮渡码头两旁，则全是海鲜排档，物价和内地差不多。入夜，海边食街灯火通明，坐在临海的大排档，食物也仿佛格外有滋味。每到年末，中山、珠海、番禺和佛山等地赶来的食客更是络绎不绝。

岛上随处可见"抢包山""平安包"的招牌和招贴画，小摊上也有平安包卖。"长洲太平清醮"的抢包山活动在香港是遐迩闻名的。每年农历四月初五至初九，北帝庙、玉虚宫都会举办抢平安包活动。当地人会架起包塔，塔上挂满豆沙馅的平安包。年轻力壮的人爬上三座高高的包子山去抢平安包，抢得越多越吉利，吃到平安包可保平安。此外，还有飘色巡游、会景巡游、醒狮和麒麟表演等，当地居民无不倾情参与，活动期间甚至连上岛的轮渡都是免费的，遍

长洲岛
CHANGZHOUDAO

龙舟比赛的现场

　　长洲位于大屿山及南丫岛之间，是香港著名渔港，因岛形狭长而得名。长洲原本是两个小岛，受到岛屿形状以及季候风的影响，海浪将海沙带到两岛之端，形成沙咀。经过千万年的日积月累，两条沙咀不断沉积、延长，最终连接起来，形成连岛沙洲。因此，如今长洲的形状为南北阔大，中部窄长，形似哑铃，故又有"哑铃岛"之称。岛上风光秀丽，环境宁静简朴，渔船如云，桅杆如林，正中间为较热闹的区域，也是轮渡码头所在地，而沙滩和游玩去处则集中在东湾、西湾两处。

地欢腾祥和，热闹胜过新年。长洲太平清醮已成为当地最重要的传统节日，也是国家级非物质文化遗产，和每年的龙舟赛一起，吸引着大批游客慕名而来。

长洲岛的庙宇多，除了大型的玉虚宫外，还有4座天后庙（北社天后古庙、南凼天后古庙、大石口天后古庙、西湾天后宫），以及洪圣古庙、水月宫和关公忠义亭等，其中大部分为清代建筑，连它们的名称听起来都带着浓浓的历史剧味道。

在长洲岛徒步，是件洗肺润心的活动。最长的环岛线路大约要六七个小时：从长洲码头出发，经长洲市场、长洲西堤路、西湾天后庙、张保仔洞、五行石、鲭鱼湾、长洲家乐径、白鳝湾、山顶道西、长洲坟场、山顶道西、思高路、长洲家乐径、小长城、观音湾泳滩、长洲石刻、长洲东堤路、东湾海滩、北帝庙、玉虚宫、北社海傍路、新兴海傍街，最后再返回长洲码头。这条路线值得花上一天去走走，当然，走不动了，也可以随时撤退去街上，开启吃喝模式。

下船后，往右沿海滨的大兴堤路（即长洲家乐径）走，过去就是西堤道，这是铺设了路砖和水泥的步道，也是轻松惬意的海滨走廊。这段路可以骑行，但如果想要环岛，建议不要租车，因为其他路段中有些是自行车无法通过的，需原路返回。路边即为长洲的西湾，长年风平浪静，因此成为天然的避风塘，长洲码头亦设于此。至于东湾，则因海浪带来沉积物长年累积，而形成了美丽的东湾泳滩。长洲其他主要的沙滩分别坐落于西湾、观音湾、大鬼湾和东湾仔等地，但这些沙滩较小、沙质较差，位置亦要比东湾偏僻。

走过长洲西堤道，接着便上山坡。自行车已无法骑行。长洲西南部的鲭鱼湾、白鳝湾，以及南部和东南部一带，海浪较大且满布奇石，五行石、龙王石、鳗鱼石、坦克石、花瓶石和人头石等都在这一带，故当地人又称此地为"趣石林"。绕过嶙峋的海边岩石，就是张保仔洞，洞身狭窄，只容一人通过。长洲岛是清代嘉庆年间海盗张保仔等一干人马躲避朝廷追捕的藏身之所，相传也是海盗们的秘密藏宝地点之一。张保仔洞对面的山边有五行石——靠海处五块数米高的巨

花瓶石下的海水
清澈干净

石，其中最大的一块倚在山崖的边缘，危立欲倾。风雨侵蚀，巨石沧桑，穿行其中仿佛置身武侠小说中的石阵。

过鲫鱼湾，站在山头俯瞰整个小海湾，长洲岛绿林、蓝海、红岩的画卷就在这里展开。

长洲岛东部与西边码头不同，少有游人。走过一段见不到大海的林中小道，来到长洲锦江小学，民居才渐渐多了起来。透过山上的屋檐缝隙，俯瞰山下鳞次栉比的老宅，依然保持着旧时的状态。不远处的建道神学院，在洋紫荆花丛中，干净而寂静地矗立。如果是春季，长洲关公忠义亭附近，有从中国台湾引入的香港最大规模的樱花林值得一去。

"小长城"因其路段迂回且有独特的麻石柱围栏而得名，是长洲家乐径远足路线中的一段，步行约半小时。海边步行道附近，有不少度假营，如"救世军白普理营""明爱赛马会明晖营"等，都是接待香港学生的营地。沿着小长城走到海边，透过盛开的野花，可眺望大海和远处的南丫岛。海浪拍打在礁石上，浪花朵朵，碧海轻风。

走下台阶就是不太像花瓶的花瓶石，它的两边，一边是观景台，一边是玉玺石。在人头石和花瓶石之间，有一块沿海的岩石平台，靠边能看见脚下海中的礁石。树影阴凉，在这里吹风小憩，可见碧蓝的海水。翻过山顶，接续长洲家乐径下山，经过明晖营，可以走到观音湾泳滩。

观音湾的水上活动中心可以租借风帆、独木舟或其他水上滑浪设备。香港首位奥运金牌得主、滑浪风帆好手李丽珊的练习场就在这里。而邻近观音湾的东湾，是长洲最大的泳滩，水质清澈，坐拥优美景致，日落后可以看到香港仔及南丫岛迷人的灯火。这里也是长洲岛最窄的地方——从这里走到西湾，仅需几分钟的路程。

在香港众多离岛中，长洲岛是最热闹的，大街小巷的小摊小馆，摩肩接踵的人群，这里与香港繁华国际都市的气质截然相反，保留着过去小岛的原貌。游走在街角小巷，慢慢品味朴实自得的生活，这也是它的迷人之处。

【贴士】 | 在香港中环5号码头乘坐前往长洲岛的轮渡，几乎24小时均有航班。

有35分钟航程的快船和55分钟的慢船两种，推荐乘坐慢船，便于在船上欣赏维多利亚港等海景。

澳门

弹丸之岛澳门虽小，却拥有郊野乡村、美丽海滩，以及中国第31个世界文化遗产『澳门历史城区』。

澳门的古迹并非只有大三巴牌坊、炮台和渔人码头，名胜也不只是『东方蒙地卡罗』——葡京金沙。

在它那中西交融的古老城区里，分布着妈阁庙前地、议事亭前地、亚婆井前地、岗顶前地等8个带有人文故事的广场，有郑家大屋、圣老楞佐教堂、圣若瑟修院、岗顶剧院、圣奥斯定教堂等22处历史文化遗址；有中国第一座西式剧院、第一所西式学院、澳门最古老的教堂、官也夫人别墅里的中文图书馆等。

在这里，无论男女老幼，均无须门票，轻装步行即可尽览中葡文化融合的历史，探秘澳门的文化宝藏。

丰富的人文景点之外，澳门还有优越独特的自然风光。澳门的海滨，有露营游泳两相宜的黑沙滩，记录着澳门历史的路环岛渔村则可漫步听海四季皆美，慢慢探索，方能感受非同寻常的『濠镜』。

双面之城的怀旧脸谱：**澳门半岛**

　　如果在澳门徒步旅行，历史城区有不少路线可供选择，但要是只能选择一条的话，那无疑当选从议事亭前地到妈阁庙这条中葡文化交汇线路，它囊括了澳门半岛南部的绝大多数世界文化遗产。

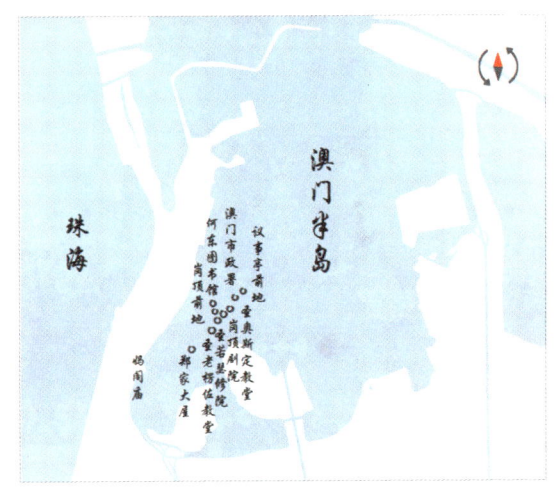

　　一面奢华，一面怀旧，澳门是个双面之城。议事亭前地到妈阁庙，是它的怀旧脸谱。

　　议事亭前地是著名景点，昔日经办中葡商贸和行政事务，现在是澳门老城中心地标，最显著的是广场中的喷水池。环绕着广场的是市政厅、仁慈堂、邮政总局大楼、电力公司等粉刷修缮过的西式建筑。前地街市两旁满是饼屋、甜品店、药妆店、金店、服装店、电器店和美食店，与旧政府办公地既相衬又十分时尚。

　　游客行至议事亭前地，往往易被远处的玫瑰圣母堂吸引，而忽略了近在眼前的一栋朴实无华的葡式建筑"澳门市政署"，也就是议事亭。它曾经还是博物馆、邮电机构、卫生机构、法院和监狱，2005年被列入世界文化遗产。建筑呈三进深，第一进中央为门厅，两侧则为展览或公共空间，其大堂的墙脚至腰部镶嵌着一米多高的蓝白色瓷片，是典型的布拉干萨王朝时代风格，墙上则嵌有葡文石碑、石刻，二楼则是会议室和前澳门中央图书馆，其中收藏着约十万册澳门历

老城区居民楼

史文献。第二进主要为行政区，是稍低于第一进深的两层楼，抬头可见墙上的圣徒石雕和上方一座小钟楼。穿过黑色铸铁大门，即为第三进，一座迷你的葡式花园就在眼前，花圃后的喷水池和葡萄牙诗人贾梅士的塑像见证了这栋建筑的变迁。

沿市政署大楼的右边小路上坡，迎面就是澳门四邑同乡会的大楼。绕过它左转，沿东方斜巷走往岗顶前地。这是岗顶（古称磨盘山）的一个小广场，清幽典雅。举目四顾，弹丸之地，居然被何东图书馆、圣若瑟修院大楼及圣堂、岗顶剧院、圣奥斯定教堂等4个世界文化遗产环绕！

何东图书馆是建于清代的三层洋楼，每层均有拱形落地窗，前后各有一个花园，原为澳门第八十一任总督夫人的府邸，1918年被香港富绅何东爵士购买作为别墅。何东去世后，家人遵从其遗愿，将这栋楼连同25000港币一起捐赠给澳门当局，作为收藏中文书籍的公共图书馆。后来，又在老楼与后花园之间，修建了一栋新楼作为对外开放的图书馆，游人多喜在新旧两楼之间的台阶上拍照，到后花园休息静思。

何东图书馆左侧是淡蓝色的圣若瑟修院，1728年由耶稣会会士创办，专门培养赴中国和东南亚地区传教的传教士，用中文、英文和拉丁文教学，素有

澳门天主教的"少林寺"之称。圣若瑟修院圣堂的入口在三巴仔横街，为原圣保禄教堂遗址（大三巴牌坊前身）的分院，所以人们叫它"三巴仔"。圣若瑟修院圣堂是华丽的巴洛克风格教堂，正立面看起来类似大三巴牌坊，四个帆拱顶托起罗马式穹窿空间的主堂，顶部高19米，穹窿直径达12.5米。圣堂珍藏着转移过来的圣方济各臂骨圣镯。因为圣若瑟修院不对游客开放，很多人误以为无法进入圣堂，其实绕过岗顶剧院，从三巴仔横街可以进入。

岗顶剧院是有着绿色外墙的欧式新古典建筑。当年由葡萄牙人买地，华人富商集资修建，为纪念葡萄牙国王伯多禄五世与中葡友好，将其命名为伯多禄五世剧院。剧院隔壁是圣奥斯定教堂，最早是西班牙奥斯定会的修士所建，教堂在每年复活节前举行苦难耶稣像巡游，是澳门天主教会重要的活动。1586年圣奥斯定教堂刚落成时，曾用蒲葵叶覆盖屋顶，风吹时犹似龙须飘扬，澳门人就叫它"龙须庙"。

沿小巷行走，两旁是密集的旧住宅楼，楼下是店铺，楼上是住宅，巷道仅容一车通行，汽车、摩托车往往擦身而过，但这里却是澳门以前的高尚住宅区——圣老楞佐堂区。从两边的台阶走上高台，便是院落的大门，再走十几级的石阶，才能到达圣老楞佐教堂门前，

澳门岗顶剧院（上图）；圣奥斯定教堂（下图）

圣母院式的双钟楼结构，虽不华丽却显气势。一对澳门新人正在举行婚礼，鲜花花环和彩带垂挂在教堂的大门上，亲朋好友都以教堂为背景合影。圣老楞佐教堂的名字很中式，因为教堂主保圣人是Saint Lawrence，华人音译为"圣老楞佐"。在南湾海滩未开发之前，圣老楞佐教堂一直是位于海边的，常有葡萄牙籍水手的家人在此祈祷，静候海上航行的船只平安归来，华人则认为它

何东图书馆（左图）；郑家大屋的余庆堂（右图）

可以祈求风调雨顺，护佑出海安全，所以叫它"风信堂"，"信"和"顺"的粤语发音相似，故成了"风顺堂"。过去，澳门在划分行政区时往往以一个重要教堂为该行政区划的名称，而圣老楞佐教堂作为澳门三大古教堂之一，这片区域也就自然被称为圣老楞佐堂区，或者风顺堂区。

从风顺堂街转高楼街，见到两棵古老的大榕树，就到了亚婆井前地。这里曾是澳门的山泉水源地，葡萄牙人在周围修建的住宅至今还在，亚婆井斜巷尽头的高地上，传说的"亚婆井"也依然有迹可循。亚婆井前地旁，有一座建筑年份可追溯至1869年的郑家大屋，是中国近代著名思想家郑观应的故居。

从龙头左巷进入郑家大屋，经大门沿现在开放给游客通行的轿道前行，

是一个大花园。过月门回首，门楼白墙中洞开的圆圈内，有一扇琉璃窗，上书"留月"二字，朴实而雅致。次第经过荣禄第、文昌厅后，才真正进入郑家大院：由一个大内院连接在一起的两座两层四合院式建筑，颇似现代的联排别墅。郑家大屋占地4000多平方米，有60多间房屋，最多时有"七十二家房客"500多人居住，是澳门最大的私宅。

郑家大屋是极具岭南特色的中式建筑，又在许多细节上吸收了西洋建筑技法。其窗户多而特别，窗棂间嵌有一片片磨得透亮的贝壳。四方内院的楼上全是联排的窗，下面为支撑式百叶窗，上面为贝壳窗。通奉第是郑家的主屋，因郑观应的伯父为通奉大夫而得名，两进三间式，中间设有天井。积善堂为郑观应的弟弟所建，比通奉第略小，样式

妈祖阁

MAZUGE

妈祖阁距今有500多年历史，是未经重建的真正古迹，是当之无愧的澳门地标。附近一位小食亭的店主说，以前大海就在妈阁庙的庙前，渔民出海捕鱼经过时都会拜一拜，或者泊船靠岸，进庙里烧上一炷香。虽然沧海桑田，世事变迁，庙门前如今已是陆地一片，但香火依然旺盛，"妈阁紫烟"也成了澳门八景之一。

澳门市政署大楼的后花园

却差不多。孙中山曾多次在郑家大屋与郑观应讨论时政，郑观应的《盛世危言》一书也是在此完成。以前站在郑家大屋的窗口能看到海，现在看到的是澳门的老住宅和远处的新高楼，仿佛将澳门的历史浓缩在一扇窗内。

沿妈阁街往海边走，最后一站是妈阁庙，澳门最古老的庙。从空中看妈阁庙背后的山，像展开翅膀的海鸥，头部下边就是妈阁庙。神山第一殿、正觉禅林、弘忍殿、观音阁等依山而建，山坡上的24幅摩崖石刻大多为清代诗人所留。

明朝时澳门本名"濠镜澳"，后又称"澳门"，但其葡萄牙文、英文名的来源，则与妈阁庙有关。据说当时葡萄牙人在妈阁庙附近（今海事博物馆所在地）登陆澳门，向当地人询问这是何地，回答说"妈阁"，于是将其音译为"Macau"。澳门不仅仅只有博彩娱乐，也不只有大三巴牌坊，想要深刻了解澳门，只需要沿着这条古迹线路行走，半个小时就可览尽上十个世界文化遗产，真正走进"濠镜澳"。

【贴士】

此线路宜步行
参观，步行起点为
议事亭前地，全程
步行大约30分钟。

郑家大屋贝壳窗上的
民居

黑沙踏浪：**黑沙海滩**

　　说起来，赌场、购物商场、大三巴和数十个世界文化遗产，澳门似乎全是人文景观，一切都围绕着中西文化的交汇、过去与现在的碰撞。但其实，疲于城市奔波与人潮汹涌的澳门年轻人也有亲近自然的露营玩法，小众又省钱，游客也一样可以去澳门做一次背包客。

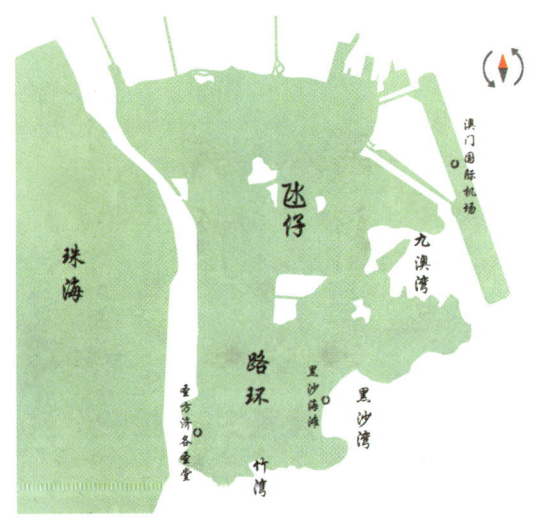

　　半月形的黑沙海滩是澳门最大的天然海滩，老澳门人喜欢叫它"大环"，沙子天然呈黑色，绵延1350米都是焦黑的沙滩。关于这些黑色细沙，有种说法是海底次生矿被冲上海滩所形成，也有种说法是火山爆发后的火山岩风化而成。初看黑沙也许不太适应，但海水还是一样清澈，一旦心理上接受了黑沙，用脚底细细摩挲，便能体会到它的温润细腻。

　　黑沙海滩露营地是中国少有的优秀营地，它不在沙滩上，而是在木麻黄树林的后面。用铁丝网围住的营地上绿草茵茵，为露营者免去了沙子混进帐篷的烦恼。小的露营台有两平方米，可搭建双人帐篷；大的有三平方米，可以搭建一个四口之家的帐篷。每一个搭建帐篷的小平台均高于地面，即使下雨也不会遭遇"水淹三军"的尴尬场面。整个露营区总共可以容纳288人，与烧烤区一样，都配有厕所和淋浴间等配套设施，是澳门最大的露营地。

按规定，帐篷营地和野餐区域是不准生火做饭的，但在依山面海的树林之中，则分布着60多个烧烤灶台、石凳和石桌，这是黑沙海滩公园的烧烤区，每到旺季，林中常常弥漫着诱人的香味——木炭熊熊燃烧，各式食材或烧烤、或蒸煮，人声鼎沸，烟雾缭绕。

公园还设计了运动区域，排球场、网球场、篮球场、小型高尔夫球场、黑沙水上运动中心和游泳池，应有尽有。黑沙海滩露营地和某些活动项目是收费的，但逛公园、去海滩游玩则均免费。如果喜欢登山徒步，从烧烤场边上的一条登山道走上去，半小时就能到达黑沙水库和郊野公园。从黑沙海滩公园大门往左行，则可以走到有百年历史的黑沙村，去参观大王庙。黑沙村是澳门现今仅有的两个古老村落之一，附近的黑沙遗址曾出土过不少彩陶、夹砂陶残片、石锛和石磨等新石器时代的文物。

公园门前有餐厅、两家小士多和烧烤店，最适合不想做饭的露营者。法兰度餐厅的炒马

黑沙海滩公园的沙滩与对面的酒店

225

黑沙踏浪

HEISHATALANG

早在20世纪90年代，"黑沙踏浪"已是著名的"澳门八景"之一，黑沙在海浪冲刷下逐渐消耗变少，为了保护黑沙海滩，当地运送了一些黄沙覆盖在黑沙滩上，表面看起来便不再是过去的焦黑色，下面看上去却仿佛比原来更黑些了。夏天和节假日的黑沙滩人声鼎沸，本地人最喜来此度周末，一家人带着孩子黑沙踏浪，在木麻黄树林里野餐，其乐也融融。

黑沙海滩公园的黑沙

黑沙海滩公园的露营区（上左图）、法兰度餐厅（上右图）、草地（下左图）、娱乐设施（下右图）

介休、蒜味煎虾和炒蚬仔颇值得尝尝，餐厅墙上贴的世界各国的货币也引人注目。如果连帐篷都懒得搭的话，可以去住位于黑沙滩右侧的黑沙青年旅舍，景色不错又便宜，旁边的龙爪角还能观看日出。黑沙滩左侧的阶梯形大厦是澳门鹭环海天度假酒店，隔壁还有澳门高尔夫球乡村俱乐部，适合腾空手脑，直接来此休闲度假。靠近沙滩有两家葡国菜餐厅，坐在露天座位上，便可一览黑沙滩全景。

澳门海景正宗葡国餐厅的忌廉葡式蚬、八爪鱼沙律、烧沙甸鱼和海鲜饭很受欢迎。

以前提及澳门，想到的不是赌场的霓虹灯火，就是教堂与历史遗迹，觉得澳门的生活，好像就是在金碧辉煌与历史的泥沙中来回切换。到过黑沙海滩，发现这里是工作之余的偷闲处、青春的放风地、家人的聚会厅，才会意识到这个城市也有居民，也有年轻人，也有普通的家庭和人生。

公园里的烧烤区（左图）；"人鱼逐浪"雕塑（右上图）；观景长凳（右下图）

【贴士】 公共交通有15、21A、26A路巴士直达。

可以凭澳门身份证、游客护照或港澳通行证现场申请露营，办理入住时间为12:00～17:00，每日撤出营地时间为11:00，节假日最好提前在澳门自然网预约，且不少于15个工作日，不接受任何经营性团体或个人预约；露营收费按人计算，澳门居民每人20澳门币，非澳门居民每人50澳门币。

周一、周五11:00～17:00为清洁时间，所有人必须离营；营地23:00必须关闭营灯等照明设施；营地遇到雷暴警告以及3号以上台风将停止服务，已入住人员也须撤出；疫情期间暂停开放。

黑沙青年旅舍预订需持有国际青年旅舍会员卡。

繁华都市里的乡村：**路环岛**

　　澳门除了被人熟知的赌场与老城，还有饱含清新乡村气息的路环岛，澳门大部分远足径、海滩和郊野公园都在这个岛上。这里人口密度最少、地势最高，是逃离光怪陆离，思古寻幽的一隅。

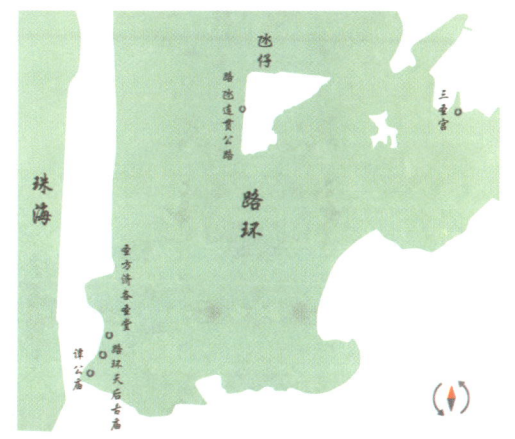

恩尼斯总统前地

　　路环岛有海、有村、有古庙，还有吃喝，大多集中在圣方济各圣堂一带的海边。下了巴士，车站就是恩尼斯总统前地广场。广场是为了纪念首次到访澳门的葡萄牙总统恩尼斯而命名。大多数旅客下车后都会去寻找安德鲁饼店，品尝始祖级的澳门葡式蛋挞。路环卫生站左边有两条小巷，叫商客街和中街，沿着中街小巷前行到水泉公地，红色的房子左边有个很小的门，就是路环观音古庙后门，正门在另一侧，白墙壁上嵌有"观音古庙"四字。这座小庙是清嘉庆年间岛上渔民筹建的，有两百多年的历史，是路环的四大古庙之一。

　　出观音庙大门左转，沿国民巷走到斜对面半坡上的路环天后古庙。站在庙前广场上，能看到

路环海边的民居（左图）；路环渔村的铁皮屋（中图）；路环图书馆（右图）

横琴岛之间的海面。路环天后古庙约建于1763年，是澳门离岛最古老的庙宇，至今还保留着一座两百多年的古钟、一块"德垂泽国"的清朝牌匾和一条酒船。"德垂泽国"牌匾悬挂于庙内四合院大井中的一个四方小亭（也称"拜亭"）上，这里曾是当地乡绅议决大事的地方，类似村公所。庙堂左侧放着一条酒船，上置一尊天后元君像和几个护卫，风帆上书"神恩庇佑、风调雨顺、一本万利"，传达的正是渔民们一贯以来的心愿。

沿着船铺街左行，不远处的海边就是路环四大古庙中香火最旺的谭公庙。庙里的镇庙之宝，是谭公像右侧摆着的一条两米左右的红色鱼骨龙舟，下面放置着几根一般长的鲸鱼骨。庙里的管理员说，这条有上百年历史的龙舟是由鲸骨雕制而成，龙头龙尾都是后接上去。来谭公庙朝拜的人都相信摸一摸龙舟，生活即可顺风顺水。为了保护鲸鱼骨龙舟，船身被刷上了一层红漆，上面划船的小人看上去身着清代服制。庙旁左侧大树下，有一块"鹅"字大石和一座小小的土地庙，绕到谭公庙背后的坡上，透过屋脊，可以远眺珠海的横琴岛。

庙前沿海的路叫十月初五街，往回走行至船铺前地巷右转，再到船铺街右转，一路多是过去的老房子，新刷成浪漫的浅黄色，有的墙壁上还有彩色涂鸦，虽然没有旧屋特有的古朴，却也焕发着当地居民生活的勃勃生机与活力。民居门口的墙上，通常都嵌有小香炉或香案，写着"天官赐福"，燃几炷香，有的还摆着供果。早年路环岛的居民不少是从广东和福建迁来的，至今依然保留着旧籍的风俗，供奉天官、地官、水官等"三官公"（也称"三界爷"），认为天官赐

福，地官赦罪，水官解厄。

沿船铺街走到一幢1968年建的小楼前，即为路环的造船分会。经门前往海边走去，左侧有建于1911年的老图书馆。图书馆的前身为路环议事公局学校，外墙呈浅黄色，六根罗马柱撑起的门廊看上去格外显眼。

沿海边走几步就到了澳门马忌士前地，这座竖着纪念碑的小广场的尽头，是1928年修建的路环圣方济各圣堂。1910年，18名学童在岛上被海盗绑架，激战一个月后，葡萄牙军队才终于消灭了海盗，饱受战乱之殇的岛上居民于是修建了这座"战胜海盗

耶稣会第一位来华的传教士叫方济各·沙勿略，四百多年前从日本到达广东江门上川岛，准备到中国内地传教，后于上川岛病逝，被罗马教皇封为圣徒，其臂骨圣镯被放入银色骨箱，保存在圣方济各圣堂中。此后更多的传教士进入澳门，中西文化逐渐融合，影响深远。教堂的管理员说，每年台风季来临，都会发生海水漫进教堂的情况，且常达半米深，为了保护圣物，臂骨圣镯就被转送至澳门半岛岗顶前地的圣若瑟修院收藏。

圣方济各圣堂（上图）；民居外墙上的涂鸦（下图）

纪念碑"，而葡萄牙人借助消灭海盗的机会，对澳门和路环岛实现了真正意义上的控制。

路环圣方济各圣堂是一座巴洛克式奶白色和淡黄色相间的建筑，顶上一座小钟楼，教堂两侧各一条有拱门的走廊，内有两家餐馆不容小觑：一家为入选2018年澳门米其林的陈胜记餐馆，店铺小，但古法陈皮鸭是其招牌；对面一家是吃葡国菜的雅息花园餐厅，有不错的口碑，招牌菜是原只菠萝海鲜焗饭。

在屠场前地，一条水泥栈道伸向海中，像是过去的小码头。白鹭优雅掠过，拂动海边的芦草，远处的海上铁皮棚屋是澳门最后的渔村。海中用木柱支撑的棚屋像是干瘦的孩子危立水中，支撑着一户户人生。1865年建成的路环三圣宫就在其中，庙里珍藏着铜牌古钟，仅有一间小屋供奉着金花娘娘、观音娘娘及华光大师"三圣"，香火不绝，守护着居民们求子的心愿，默默保佑孩童平安。

海上棚屋有不少餐馆和海产干货店，对面有家路环码头面馆，美食家蔡澜也来尝过招牌鱼翅汤面，墨鱼扒面和栋笃鸡丝捞面也很受欢迎。老板的父亲就是一家海产干货店主，他说过去最好的鱼翅是天九翅，现在由于国家保护，不让捕捞买卖了。

1873年建成路环码头，当时澳门半岛到路环岛要从这里上岸，还有定期航线开往内地。大桥连通路环岛之后，码头失去了它的重要地位。路环渔村的渔民也早已不再捕鱼，渔村成了路环岛过去的一个符号，和澳门的一段历史。

【贴士】 | 15、25、26、50、21A、26A路巴士均可到恩尼斯总统前地。全程徒步时间约30分钟。

路环码头

图书在版编目（CIP）数据

不工作，去海岛：粤港澳大湾区的蓝色恋曲 / 行者老湖著 . — 广州：广东旅游出版社，
2022.3

ISBN 978-7-5570-2332-4

Ⅰ . ①不… Ⅱ . ①行… Ⅲ . ①岛—旅游指南—广东、香港、澳门 Ⅳ . ① K928.44

中国版本图书馆 CIP 数据核字 (2021) 第 158852 号

出 版 人：刘志松
策划编辑：蔡　璇
责任编辑：贾小娇　俞　莹
摄　　影：行者老湖
封面设计：艾颖琛
内文设计：印墨风
责任校对：李瑞苑
责任技编：冼志良

不工作，去海岛：粤港澳大湾区的蓝色恋曲
BUGONGZUO, QUHAIDAO: YUEGANGAO DAWANQU DE LANSELIANQU

广东旅游出版社出版发行
（广州市荔湾区沙面北街71号首、二层）
邮编：510130
联系电话：020-87347732
邮购电话：020-87348243
印刷：广州汉鼎印务有限公司
（广州市黄埔区南岗骏丰路117号202）
开本：787毫米×1092毫米　16开
字数：210千字
印张：15
版次：2022年3月第1版第1次印刷
定价：58.00元